LAROUSSE

Escribir **Inglés**

Fácil

Básico

LAROUSSE

Mallorca 45   **Londres 247**   **21 Rue du Montparnasse**   **Valentín Gómez 3530**
08029 Barcelona   **México 06600, D. F.**   **75298 París Cedex 06**   **1191 Buenos Aires**

EDICIÓN ORIGINAL

Redacción
Penny Hands, Martine Pierquin

Coordinación editorial
Cédric Pignon

Corrección
Marie-Odile Martin,
Ronan McErlaine

Secretaria de redacción
Paloma Cabot, Iris Llorca

Concepción gráfica
Jacqueline Bloch

Informática editorial
Philippe Cazabet

Director de colección
Ralf Brockmeier

EDICIÓN HISPANÓFONA

**Director editorial para
América Latina**
Aarón Alboukrek

Editor adjunto
Luis Ignacio de la Peña

**Traducción de Larousse
con la colaboración de**
Adriana Santoveña

Coordinación editorial
Verónica Rico

Revisión de Pruebas
Rossana Treviño

**Formación y
composición tipográfica**
Ricardo Viesca

FOMENTA LA CREATIVIDAD
RESPETA EL DERECHO DE AUTOR
NI UNA FOTOCOPIA MÁS

Diseño de portada: David Jiménez Minero

ISBN 2-03-540079-1 (Larousse / VUEF)
ISBN 970-22-0774-6 (Ediciones Larousse)

PRIMERA EDICIÓN — 6ª reimpresión

Impreso en México — Printed in Mexico

Contenido

LO ESENCIAL PARA ESCRIBIR

Las siguientes letras y combinaciones de letras no se pronuncian igual que en español:

a puede pronunciarse:

> [ɑ:] como en *after*,
>
> [eɪ] como en *name*,
>
> [ɒ] como en *wash*,
>
> [ə] como en el artículo *a*,
>
> [æ] como en *manage*,
>
> [eə] como en *care*.

e puede pronunciarse [e] como en *ten* o [i:] como en *she*. También puede ser muda, como en *finished* ['fɪnɪʃt].

g puede pronunciarse [g] como en *give* o [dʒ] como en *page*. También puede ser muda, como en *night* [naɪt].

h es aspirada en la mayoría de las palabras, como en *hat* [hæt]. De igual modo, puede ser muda como en *hour* ['aʊər].

i puede pronunciarse:

> [ɪ] como en *pig*,
>
> [aɪ] como en *nice*,
>
> [ɜ:] como en *bird*.

j se pronuncia [dʒ] como en *John*.

l puede pronunciarse [l] como en *leg* o puede ser muda, como en *half* [hɑ:f].

o puede pronunciarse:

> [ɒ] como en *coffee*,
>
> [əʊ] como en *no*,
>
> [u:] como en *move*,
>
> [ʌ] como en *love*,
>
> [ə] como en *tomato*.

q puede pronunciarse [kw] como en *question* o [k] como en *technique*.

r puede pronunciarse [r] como en *rich* o puede ser muda, como en *farm* [fa:m].

s puede pronunciarse [s] como en *miss* o [z] como en *rose*.

La *s* final de los sustantivos en plural y la *s* de los verbos en tercera persona del singular puede pronunciarse [s], como en *cats*, *works*, [z] como en *dogs*, *lives* o [ɪz] como en *houses*, *rises*.

u puede pronunciarse:

> [ju:] como en *music*,
>
> [ʌ] como en *but*,
>
> [ə] como en *surprise*.

w puede pronunciarse [w] como en *wet* o puede ser muda, como en *two* [tu:].

y puede pronunciarse:

> [j] como en *yes*,
>
> [aɪ] como en *cry*,
>
> [ɪ] como en *fifty*.

La combinación *ai* puede pronunciarse [eə] como en *chair* o [eɪ] como en *wait*.

La combinación *au* puede pronunciarse [ɒ] como en *because* o [ɔ:] como en *daughter*.

La combinación *aw* puede pronunciarse [ɒ] como en *saw* o [ɔ:] como en *law*.

La combinación *ee* puede pronunciarse [i:] como en *three* o [ɪə] como en *deer*.

La combinación *ea* puede pronunciarse [i:] como en *tea* o [ɪə] como en *ear*.

La combinación *ow* puede pronunciarse [əʊ] como en *blow* o [aʊ] como en *cow*.

La combinación *oo* puede pronunciarse [u:] como en *food*, [ɔ:] como en *door* o [ʌ] como en *blood*.

La combinación *oy* se pronuncia [ɔɪ] como en *boy*.

La combinación *ou* puede pronunciarse [aʊ] como en *mouse*, [ɔ:] como en *of course*, [ʌ] como en *enough*, o también [u:] como en *through*.

Algunos sonidos no tienen equivalente o bien son raros en español, como:

- las letras *th* que se pronuncian [ð] como en *the*, *this*, *mother* o [θ] como en *three*, *think*, *thank you*.
- las letras *ng* al final, que se pronuncian [ŋ] como en *song* y *morning*.

Observaciones generales
Los diferentes escritos
y su presentación

1. Las cartas

El papel para cartas

El papel que se utiliza para la correspondencia comercial es de formato A4 (21 × 29.7 cm), mientras que para la correspondencia personal se prefiere el formato A5 (14.8 × 21 cm). Cualquier correspondencia de carácter formal debe mecanografiarse o redactarse en un procesador de textos e imprimirse sólo por el anverso de la hoja. Para la correspondencia privada existe una amplia variedad de tarjetas de felicitación o de fantasía.

Presentación de una carta destinada a un amigo o allegado

En una carta personal, la dirección del remitente (sin su nombre) se escribe en la parte de arriba a la derecha de la hoja. La fecha se pone justo debajo.

La fecha puede escribirse de diferentes maneras. Puede ir completa: *29 September 2003*, *12th July 2003*, *3rd January 2003*, *19th April 2003*.

⚠️ **El nombre de la ciudad de donde escribe el remitente no se pone antes de la fecha. Después del número puede agregarse *'th'*, *'st'* o *'rd'*, pero esta variante ya no se utiliza actualmente. En Estados Unidos, en la correspondencia personal, los nombres y la dirección del remitente ya no aparecen.**

O bien abreviada: *29-Sept-03*, *29/09/03*, *29.09.03*.

⚠️ **El orden del día y del mes se invierten en Estados Unidos y en los países que adoptaron el sistema esta-**

2

dounidense. De este modo, *'12.08.03'* en Estados Unidos significa *'8 December 2003'*, mientras que en Gran Bretaña quiere decir *'12 August 2003'*.

La coma después de la fórmula de saludo no es obligatoria. Sin embargo, es importante notar que si se pone la coma después de la fórmula de saludo, también se pondrá después de la fórmula final.

La firma se pone debajo de la fórmula final y no a la derecha.

Por lo general, los párrafos inician con sangría (*'indented style'*) para facilitar la lectura de la letra manuscrita.

Por último, las cruces que se ponen al final de la carta representan un beso cada una.

⚠ **Cuando el estilo de la correspondencia es familiar, suele omitirse el pronombre sujeto de la primera persona.**

Presentación de una carta formal o de tipo comercial

En cartas de naturaleza más formal, el nombre y la dirección del remitente se escriben arriba a la derecha de la hoja (salvo cuando se trata de un papel membretado, en cuyo caso se escribe arriba al centro). El nombre (o título) y la dirección del destinatario se encuentran a la izquierda, arriba de un eventual número de referencia o asunto, y de la fórmula de saludo. El asunto se incluye con frecuencia en este tipo de cartas y es un breve resumen del contenido.

Los párrafos no inician con sangría en este tipo de cartas (*'blocked style'*) y, de acuerdo con el estilo británico, no hay puntuación después de la fórmula final si no la hay después de la fórmula de saludo (en cambio, en Estados Unidos la fórmula va seguida de una coma). Por último, la firma se pone debajo de la fórmula final.

47 Mulberry Lane,
Oxford
OX4 3LA

5th May 2003

Dear Jane,

Just a few lines to let you have my new address. Sorry I haven't been in touch for so long but we've been very busy trying to organize the move. As always, there were a lot of last-minute complications, but we are now in Oxford and both looking forward to starting our new jobs.

I would have called you but the telephone has not been connected yet. I'll let you have the number as soon as I know it myself.

I must admit that I was a bit sad to leave Paris, but I'm sure it was the right decision. We've already joined the local tennis club in the hope of meeting people and all the neighbours seem really friendly. You'll have to come and see us when we've finished unpacking!

Hope you're well and not working too hard. Drop us a line when you have time. It's always great to hear from you.

Love,

Carol

XXX

4

⚠️ **Note que en el cuerpo de la carta las fechas nunca van precedidas por *'of'* o *'the'*. De cualquier forma, se pronuncia *'July the seventh'* o *'the seventh of July'*. *'Enc'* (*'enclosed'*) al final de una carta indica que hay documentos adjuntos a la correspondencia.**

Harvey & Co
29 Mudeford Road
Manchester
M14 6FR
Tel: 0161 543 7644
E-mail: harvey@uniline.co

The Manager
Lakelands Hotel
Windermere
Cumbria W16 8YT   2 May 2003

Re: Reservation of conference facilities

Dear Sir or Madam

Following our telephone conversation of this morning,
I am writing to confirm the reservation of your
conference facilities for the weekend of July 7 and 8.

There will be a total of sixty-eight participants, most
of whom will be arriving on the Saturday morning. As
I mentioned on the phone, we would like to have a light
lunch provided and a four-course meal in the evening.
In addition we would appreciate coffee, tea and biscuits
mid-morning and mid-afternoon.

If you need to discuss any details, please do not hesitate
to contact me. I enclose a list of the participants for your
information.

Thanking you in advance.

Yours faithfully
Brian Woods
Mr Brian Woods

Enc

2. Fórmulas de saludo
y fórmulas finales

Carta destinada a un amigo o allegado

He aquí las principales fórmulas de saludo y finales que se utilizan en este tipo de carta en Gran Bretaña y Estados Unidos. A amigos o miembros de la familia, se escribirá:

Fórmulas de saludo	Fórmulas finales
Dear David	*Love*
Dear Lily	*With love*
Dear Mum and Dad	*Love from us both*
Dear uncle Toby	*Love to all*

Las siguientes fórmulas finales son las que se emplean con mayor frecuencia. Un hombre que se dirige a otro hombre utilizará fórmulas más neutrales y evitará el uso de *Love*.

My dearest Jill	*Lots of love*
My dear Patrick	*All my love*
	With all our love

Estas fórmulas son más afectuosas.

	Yours
	All the best (Br)
	Best wishes

Estas últimas fórmulas son más neutrales.

A amigos o conocidos:

Fórmulas de saludo	Fórmulas finales
Dear Angela	*With best wishes*
Dear Jane and Mike	*With kind regards*
Dear Mrs Thompson	*Kindest regards*
Dear Mr Martin	*Regards*
Dear Mr and Mrs Adams	*Yours*

6 Carta de negocios o formal

Si conocemos el nombre de nuestro destinatario, podemos emplear:

Fórmulas de saludo	Fórmulas finales
Dear Mr Jones	*Yours sincerely (Br)*
Dear Mrs Clarke	*Sincerely (Am)*
Dear Ms Fletcher	*Yours truly (Am)*

Actualmente, en muchas situaciones se prefiere la abreviatura '*Ms*', que se aplica tanto a mujeres casadas como a solteras. '*Ms*' se utiliza si desconocemos el estado civil de nuestra corresponsal o cuando ésta prefiere que se le llame así, ya sea casada o no. Ante la duda, es mejor elegir '*Ms*'.

Dear Dr Martin	*With best wishes*
	With kind regards

Estas últimas fórmulas pueden utilizarse cuando ya hemos tenido un primer contacto con nuestro corresponsal y queremos indicarle nuestra simpatía.

Cuando nos dirigimos a alguien cuyo nombre no conocemos:

Fórmulas de saludo	Fórmulas finales
Dear Sir	*Yours faithfully (Br)*
Dear Madam	*Sincerely yours (Am)*

Finalmente, si nos dirigimos a alguien cuyo nombre desconocemos y además no sabemos si es hombre o mujer:

Fórmulas de saludo	Fórmulas finales
Dear Sir or Madam	*Yours faithfully (Br)*
Dear Sir/Madam	*Sincerely yours (Am)*
Dear Sirs	

3. Presentación de un sobre

La dirección va en la mitad del sobre; el remitente puede escribir su dirección en el reverso del sobre, en la parte de arriba. Actualmente, las abreviaturas de los títulos, las iniciales y las direcciones se escriben sin puntuación:

Mr J P Taylor
Flat 3
399 Manor Ave
Penwortham
Preston
Lancs
PR1 0XY

4. Abreviaturas utilizadas en los sobres

Dr (Doctor)
Doctor

Prof (Professor)
Profesor

St (Street)
Calle

Ave (Avenue)
Avenida

Blvd (Boulevard)
Bulevar

Rd (Road)
Calle

5. Códigos postales

Por lo general, los códigos postales británicos se presentan en forma de dos grupos de letras y números. Las primeras letras designan el centro de distribución más cercano (por ejemplo *'BN'* para *'Brighton'* o *'EH'* para *'Edinburgh'/Edimburgo*). Sólo Londres no sigue este sistema. Allí las dos letras corresponden a los puntos cardinales: *'W'* (*'West'*), *'SW'* (*'South West'*), etcétera.

6. Los e-mails

El encabezado

El encabezado de un nuevo mensaje se compone de una serie de rubros. En el primero, *'To'* (*Para*), va la dirección del destinatario; los rubros *'Cc'* (*'courtesy copy'*) y *'Bcc'* (*'blind courtesy copy'*) sirven para enviar copias del e-mail. Este último está reservado para copias en las cuales no queremos que aparezca el nombre del destinatario. El rubro *'Subject'* está destinado al asunto de nuestro mensaje.

Fórmulas de saludo

La fórmula de saludo no es indispensable en un e-mail. Las siguientes fórmulas son las más comunes para los mensajes familiares:

Hi Jenny	Hi there!
Hola Jenny	¡Hola!

⚠️ **En un estilo más formal, se recomienda utilizar** *'Dear'* **(seguido por un nombre).**

Para despedirse de una manera informal, tenemos:

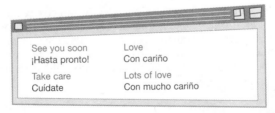

See you soon	Love
¡Hasta pronto!	Con cariño
Take care	Lots of love
Cuídate	Con mucho cariño

En un e-mail más formal, puede decirse:

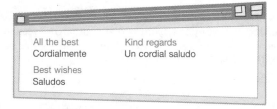

All the best
Cordialmente

Kind regards
Un cordial saludo

Best wishes
Saludos

Abreviaturas utilizadas en los correos electrónicos

Las abreviaturas y contracciones son muy comunes en los e-mails. He aquí algunos ejemplos que podemos encontrar o utilizar:

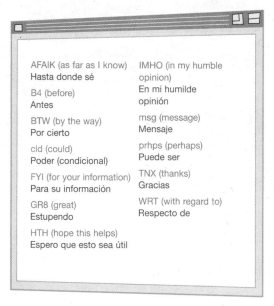

AFAIK (as far as I know)
Hasta donde sé

B4 (before)
Antes

BTW (by the way)
Por cierto

cld (could)
Poder (condicional)

FYI (for your information)
Para su información

GR8 (great)
Estupendo

HTH (hope this helps)
Espero que esto sea útil

IMHO (in my humble opinion)
En mi humilde opinión

msg (message)
Mensaje

prhps (perhaps)
Puede ser

TNX (thanks)
Gracias

WRT (with regard to)
Respecto de

7. Los mensajes de texto

Otras abreviaturas se inventaron especialmente para los mensajes de texto y los asuntos que con mayor frecuencia se abordan en este medio de comunicación (entre paréntesis está su significado en inglés):

CU (see you) Hasta pronto	RUOK? (are you OK?) ¿Cómo estás?
CUL8R (see you later) Hasta pronto	THNQ (thank you) Gracias
F2T? (free to talk?) ¿Puedes hablar?	TTFN (ta ta for now) Hasta luego
ILUVU (I love you) Te quiero	Wknd (weekend) Fin de semana
Luv (love) Abrazos	xx (kisses) Besos
OIC (oh, I see) Ya veo	
PLS (please) Por favor	

Mensajes de cortesía
Agradecimientos y felicitaciones

1. Agradecimientos por carta

Agradecer un regalo

Mucha gente prefiere recibir una carta de agradecimiento a un e-mail. Dar las gracias por un regalo de bodas debe hacerse forzosamente por carta. Siempre es necesario precisar el motivo de nuestro agradecimiento destacando cuánto apreciamos la intención de nuestro corresponsal. Es bueno personalizar nuestra carta para que no parezca que hemos enviado un mismo escrito para todos.

" *Thank you very much for the beautiful vase.*
Muchas gracias por el hermoso florero."

" *Thank you so much for the gorgeous outfit you sent Marie.*
Muchas gracias por el magnífico traje que le envió usted a Marie."

" *Many thanks for the stunning flower arrangement you sent.*
Muchas gracias por el espléndido arreglo floral que nos envió."

 Note que *'thank you'* no va precedido por un sujeto.

Si se trata de un regalo para celebrar una ocasión particular (boda, cumpleaños, Navidad), podemos agregar algunas palabras sobre el día del festejo:

" *We really appreciated the effort you made to come such a long way to the wedding.*
En verdad agradecemos que hayan hecho un viaje tan largo para asistir a nuestra boda."

" *It was lovely to see you at the party.*
Fue un placer verlo en la fiesta."

" *We had a really great Christmas.*
Pasamos una Navidad maravillosa."

" *The party was a great success.*
La fiesta fue un éxito."

Por último, podemos concluir nuestra carta con una referencia al futuro, mencionando una próxima visita o expresando nuestros buenos deseos:

" *All the best for a very happy year ahead.*
Nuestros mejores deseos para el año que comienza."

" *Looking forward to seeing you all again in Scotland in July.*
Esperamos verlos de nuevo en Escocia en julio."

⚠ **Note que la expresión** *'looking forward to...'* **o, de manera más formal,** *'I/we look forward to...'*, **siempre va seguida por un verbo con el prefijo** *'-ing'*.

Modelo de carta de agradecimiento

6 Poplar Avenue
East Bordsley
Wiltshire
SH5 9TY

3 August 2003

Dear Hilary,

Just a quick note to say thank you so much for the gorgeous flowers you sent. They really are beautiful, and have pride of place in our hallway.

The party was a great success. It was such a shame you couldn't come. I hope we can get together soon and exchange news.

Anyway, thanks ever so much again. The thought was really appreciated.

Best wishes

Judith

3 de agosto de 2003

Querida Hilary:

Sólo escribo para darte las gracias por las magníficas flores que mandaste. Son realmente hermosas y se ven muy bien en nuestro recibidor.

La fiesta fue todo un éxito. Es una lástima que no hayas podido venir. Espero que podamos vernos pronto para conversar.

De cualquier forma, gracias de nuevo. Me encantó el detalle.

Mis mejores deseos,

Judith

2. Agradecimientos después de una visita

Introducir un agradecimiento

En la introducción podemos precisar el motivo de nuestro agradecimiento:

" *I just wanted to say thanks for the great week-end we spent with you.*
Sólo quería darles las gracias por el estupendo fin de semana que pasamos con ustedes."

" *We had a really lovely time last week. Thank you so much.*
Lo pasamos maravilloso la semana pasada. Muchas gracias."

" *Thank you so much for the lovely meal you gave us last night.*
Muchas gracias por la deliciosa cena de anoche."

Para completar nuestra carta de agradecimiento, podemos mencionar algo que nos haya gustado particularmente durante nuestra visita:

" *The food was fantastic, and we all feel really rejuventated from the break.*
La comida estuvo fantástica y estas vacaciones nos sentaron muy bien."

14

" *The chocolate pudding in particular was delicious.*
¡El pudín de chocolate fue una delicia!"

" *It was lovely to see you all again, and to have time to catch up properly.*
Fue muy agradable verlos de nuevo y conversar después de tanto tiempo."

⚠️ **'To catch up' significa informarse de lo que ha pasado entre dos encuentros.**

Podemos concluir devolviendo la invitación y expresando el placer que nos dará recibir a nuestro corresponsal.

" *You must come to us next time.*
La próxima vez es su turno visitarnos."

" *How are you fixed up for Easter?*
¿Cuáles son sus planes para la Pascua?"

Agradecer a un conocido por su hospitalidad

Si no conocemos muy bien a nuestro anfitrión, nuestra carta tendrá un estilo más formal:

Dear Peter,

Many thanks for a most enjoyable evening.

It was very kind of you to take time out to show me round York last week. I hadn't realised how beautiful your city really is, or how good English food can be!

I do hope I will be able to reciprocate when you're next in Guadalajara.

In the meantime, please give my regards to your wife.

Best wishes,

Jacques

Querido Peter:

Muchas gracias por una tarde tan agradable.

Fue muy amable de su parte haberme mostrado York la semana pasada. No me había dado cuenta de lo hermosa que es su ciudad, ¡ni de lo sabrosa que puede ser la comida inglesa!

Espero que podamos corresponderle cuando venga a Guadalajara.

Mientras tanto, envía mis saludos a tu esposa.

Te deseo lo mejor.

Jacques

⚠️ **Note que** *'I would like to thank you for...'* **es una expresión elegante y resulta más apropiada para los agradecimientos formales.**

3. Agradecer por e-mail

Es común enviar un e-mail para agradecer a alguien por una comida o incluso por habernos alojado, sobre todo si se trata de un amigo cercano o de un miembro de la familia. El estilo que suele elegirse es el de la conversación amistosa y difiere poco del lenguaje hablado. Como introducción, podemos comenzar precisando el motivo de nuestro agradecimiento:

" *Thank you ever so much for helping us out last night. I don't know what we'd have done without you.*
Muchas gracias por ayudarnos anoche. No sé qué hubiéramos hecho sin ti."

" *Thank you for everything you've done.*
Gracias por todo lo que has hecho."

" *I really appreciate everything you've done.*
En verdad agradezco todo lo que has hecho."

" *Thanks a million for last week. We had a great time.*
Un millón de gracias por la semana pasada. Lo pasamos muy bien."

Podemos agregar un cumplido relacionado con la invitación:

16

" *It was great to see you all again.*
Fue grandioso verlos de nuevo."

" *I haven't had such a laugh in ages.*
No me había reído tanto desde hace mucho tiempo."

" *Your cooking just gets better and better.*
¡Sus guisos son cada vez más ricos!"

Para concluir, podemos mencionar un próximo encuentro y enviar nuestros saludos:

" *I'll give you a ring some time next week.*
Te llamaré la semana que viene."

" *See you soon.*
Hasta pronto."

" *Love to Jackie and the kids.*
Saludos para Jackie y los niños."

4. Felicitar por correspondencia

Para felicitar a sus allegados, a los británicos y estadounidenses les gusta enviar tarjetas. Existen en las tiendas tarjetas especiales destinadas a celebrar los acontecimientos importantes, como un nacimiento o la obtención de la licencia para conducir. He aquí algunas expresiones empleadas comúnmente para introducir un mensaje de felicitación:

" *Just a quick note to say congratulations on doing so well on your exams.*
Sólo escribo para felicitarte por haber salido tan bien en tus exámenes."

" *I just wanted to say well done for getting the job.*
Sólo quería felicitarte por haber conseguido el trabajo."

" *Congratulations on the new addition to the family!*
¡Felicitaciones por el nuevo miembro de la familia!"

" We were delighted to hear of the birth of baby Jack.
Estamos encantados con la noticia del nacimiento del pequeño Jack."

" We were over the moon to hear your fantastic news.
Estamos felices por la buena noticia."

⚠️ La fórmula *'to be over the moon'* se utiliza para expresar un sentimiento de enorme felicidad.

Para concluir, podemos agregar unas palabras de halago relacionadas con el éxito de nuestro corresponsal.

" I always knew you'd pass, but to do so well is just fantastic.
Sabía que aprobarías, pero una nota tan buena es fantástica."

" You really deserve it. You've worked so hard.
Has trabajado muy duro. Te lo mereces."

" We've been thinking about you all week, but didn't like to phone.
Hemos pensado en ti toda la semana, pero no queríamos hablar por teléfono."

" We were so glad to hear that the birth was straightforward, and that mum and baby are doing well.
Nos dio mucho gusto saber que no hubo complicaciones en el parto y que la mamá y el bebé están bien."

5. Felicitar por e-mail

En un e-mail, el mensaje es en general más corto y familiar. La introducción es directa.

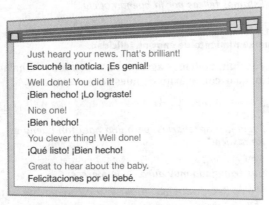

Just heard your news. That's brilliant!
Escuché la noticia. ¡Es genial!

Well done! You did it!
¡Bien hecho! ¡Lo lograste!

Nice one!
¡Bien hecho!

You clever thing! Well done!
¡Qué listo! ¡Bien hecho!

Great to hear about the baby.
Felicitaciones por el bebé.

Esto puede completarse con un breve comentario:

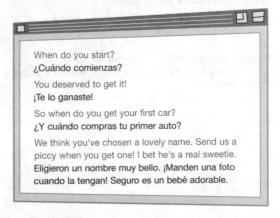

When do you start?
¿Cuándo comienzas?

You deserved to get it!
¡Te lo ganaste!

So when do you get your first car?
¿Y cuándo compras tu primer auto?

We think you've chosen a lovely name. Send us a piccy when you get one! I bet he's a real sweetie.
Eligieron un nombre muy bello. ¡Manden una foto cuando la tengan! Seguro es un bebé adorable.

⚠️ **La palabra *'piccy'* es un término diminutivo para *'picture'* ('foto').**

Ejemplo de e-mail para felicitar a alguien por un nacimiento

Hi there you two!
Congratulations on the fantastic news! We saw the photos on the Internet, and he looks an absolute sweetie. Hope the birth wasn't too long, and that Judith is well. Can't wait to see you, and meet baby Jack.
In the meantime, take care, all of you.
Lots of love
Kate and Malcolm

¡Hola a los dos!
¡Felicidades por la buena noticia! Vimos las fotos en Internet y se ve absolutamente adorable. Ojalá el parto no haya sido muy largo y Judith esté bien. Estamos ansiosos de verlos y de conocer al pequeño Jack.
Mientras tanto, cuídense todos.
Con mucho cariño,
Kate y Malcolm.

Ponga a prueba sus conocimientos

✏ I. Complete con la preposición correcta:

20

1. Thank you very much .... the beautiful vase you gave us.

2. How clever .... you to know how much I like Cole Porter.

3. Looking forward .... seeing you all in Scotland in July.

4. Just a quick note to say congratulations .... doing so well in your exams.

✏ II. Complete el siguiente texto:

1. Hi there you two!
.... on the fantastic news! We saw the photos on the .... , and he looks an absolute sweetie. Hope the .... wasn't too long, and that Judith is well.
Can't wait to see you, and meet baby Jack.
In the .... , take care, all of you.

Respuestas:

I. for - of - to - on
II. congratulations - Internet - birth - meantime

Buenos deseos e invitaciones

1. Los buenos deseos

Felicitar a un amigo por su cumpleaños

La manera más común de felicitar a alguien por su cumpleaños es enviarle una tarjeta. Algunas tarjetas ya tienen impresa una fórmula como 'Feliz cumpleaños'. En este caso, podemos comenzar nuestra tarjeta con 'Dear Katie' o 'To dear Katie' ('Querida Katie').

Abajo de la fórmula impresa, podemos escribir:

" *From John*
De parte de John."

" *Love from John*
Con cariño, de John."

" *Lots of love from John*
Con mucho cariño, de John."

Para personalizar nuestra tarjeta, podemos agregar una frase sencilla como:

" *Hope you have a wonderful day.*
Espero que tengas un magnífico día."

" *Looking forward to seeing you at the party!*
¡Espero verte en la fiesta!"

⚠ **Las expresiones 'love' ('con cariño') y 'lots of love' ('con mucho cariño'), están reservadas para los amigos y miembros de la familia. Cuando le escribimos a un amigo cercano o a un miembro de la familia, es común agregar algunos besos después de la fórmula final. Éstos se representan con crucecitas ('xxx'). Por regla general, se ponen dos o tres.**

Buenos deseos más formales

Si debemos expresarnos de manera más formal, el siguiente texto nos ayudará a mostrarnos corteses:

" *Dear Sandra,*
Wishing you a very happy birthday.
With best wishes,
Jane
Querida Sandra:
Espero que tengas un muy feliz cumpleaños.
Te deseo lo mejor,
Jane."

Es menos común enviar una carta por motivo de un cumpleaños, pero si decidimos incluir una en nuestra tarjeta, podemos reiterar nuestras felicitaciones al concluirla:

" *I hope you have a wonderful day on the 27th, and that all your wishes for the coming year may come true.*
Espero que pases un día maravilloso este día 27 y que todos tus deseos para el año que viene se hagan realidad."

Buenos deseos de fin de año

Las tarjetas de fin de año se presentan con buenos deseos impresos como *'Merry/Happy Christmas'* o *'Merry Christmas and a Happy New Year'* ('Feliz Navidad y próspero Año Nuevo').

Enviar buenos deseos por e-mail

Hi Fiona!
Just realised it's your birthday today.
Oops! Sorry I forgot to put your card in the post. Hope you have a great day. Make sure you get spoilt rotten.
See you soon.
Lots of love
Lesley

¡Hola, Fiona!
Hasta ahora me doy cuenta de que hoy es tu cumpleaños. Siento no haber mandado mis felicitaciones por correo. Espero que tengas un día maravilloso. Asegúrate de pasarlo muy bien.
Nos vemos pronto.
Con mucho cariño,
Lesley.

⚠️ Las iniciales **'RSVP'**, del francés **'répondez s'il vous plaît'** (**'responda por favor'**), se utilizan como abreviatura estándar. Figuran en todas las invitaciones, ya sean más o menos formales.

Invitaciones por e-mail

Si queremos invitar a alguien de manera más personal, podemos hacerlo también por e-mail:

25

Dear Teresa
Hi! How are you? Well, I hope. I'm just writing to let you know that we've decided to have a little party for Jack's birthday next Saturday (22nd), and we were wondering if you and Patrick could make it. It'll be at our house from about 8 o'clock onwards, and it'd be great if you could come.
Hope to see you then!
Lots of love
Rosalind

xxx

Querida Teresa:
¡Hola! ¿Cómo estás? Espero que bien. Escribo para avisarte que hemos decidido organizar una pequeña fiesta para celebrar el cumpleaños de Jack el próximo sábado (el 22). Nos preguntamos si tú y Patrick pueden venir. La fiesta será en nuestra casa a partir de las 8 de la noche y sería un placer tenerlos con nosotros. ¡Esperamos verlos!
Un abrazo,
Rosalind

Invitaciones formales

Las invitaciones a bodas son siempre formales y se redactan en tercera persona del singular o del plural en una tarjeta impresa. No tienen fecha ni fórmulas de saludo.

26

Mr and Mrs Derek Parkinson request the pleasure of your company at the marriage of their daughter Caroline to Christopher McDonald at Melrose Parish Church on Saturday 25th September at 2.30pm and afterwards at the reception at The Waverley Hotel, Melrose.
RSVP
Oakleigh
Newton Road, Melrose
GS2 5HM

El Sr. y la Sra. Derek Parkinson tienen el placer de invitarlo a la ceremonia en que su hija Caroline contraerá matrimonio con Christopher McDonald. La boda tendrá lugar en la Parroquia Melrose el sábado 25 de septiembre a las 14:30 horas y al terminar habrá una recepción en el Hotel Waverley.
RSVP

Responder a una invitación

Es natural responder una invitación apegándose a su estilo. Si se trata de una fiesta entre amigos, podemos responder por teléfono o por e-mail:

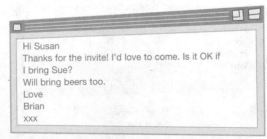

Hi Susan
Thanks for the invite! I'd love to come. Is it OK if I bring Sue?
Will bring beers too.
Love
Brian
xxx

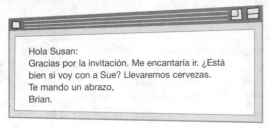

Hola Susan:
Gracias por la invitación. Me encantaría ir. ¿Está
bien si voy con a Sue? Llevaremos cervezas.
Te mando un abrazo,
Brian.

27

Para responder una invitación muy formal, se aconseja responder en el mismo estilo y respetando la misma puntuación:

Ashgate House
Dundas Terrace
Edinburgh
EH4 7JM
24 July 2003

Mr and Mrs G Hardwick thank Mr and Mrs Parkinson
for their kind invitation to their daughter's wedding, and
to the reception afterwards. They have much pleasure in
accepting.

24 de julio de 2003

El Sr. y la Sra. Hardwick agradecen al Sr. y la Sra.
Parkinson su cordial invitación a la boda de su hija y a la
recepción que tendrá lugar después y confirman encantados
su asistencia.

En un estilo menos formal:

> Dear Mr and Mrs Parkinson
> Thank you very much for your kind invitation to Caroline and
> Chris's wedding, and to the reception afterwards. We would love to
> come. We look forward to meeting you on the 25th.
> Kind regards
> Alison and George Hardwick
>
> Estimados Sr. y Sra. Parkinson:
> Les agradecemos mucho su amable invitación a la boda de
> Caroline y Chris y a la recepción que tendrá lugar enseguida.
> Estaremos encantados de asistir. Esperamos verlos el día 25.
> Saludos afectuosos,
>
> Alison y George Hardwick.

Rechazar una invitación

Es común rechazar una invitación por carta o e-mail. También podemos llamar por teléfono para disculparnos. Por carta, primero se agradece la invitación y después se ofrece una disculpa y un motivo:

> Dear Rosalind
> Thanks ever so much for the invitation to Jack's party, but I'm afraid
> I won't be able to make it. It's my parents' 40th wedding anniversary,
> and we're all going out for a meal that evening. What a shame! Sorry
> again, I hope you all have a great time.
> Love
> Teresa
> xxx
>
> Querida Rosalind:
> Muchas gracias por la invitación a la fiesta de Jack.
> Desafortunadamente no podré ir. Ese día mis padres festejan su 40
> aniversario de bodas y vamos a cenar todos juntos. Es una pena.
> En verdad lo siento, espero que lo pasen muy bien.
> Con cariño,
>
> Teresa

En el caso de una invitación oficial, a una boda por ejemplo, se recomienda utilizar el mismo estilo formal de la tarjeta:

> Mr and Mrs G Hardwick thank Mr and Mrs Parkinson for their kind invitation to their daughter's wedding, and to the reception afterwards, but regret that a prior engagement prevents them from attending.
>
> El Sr. y la Sra. Hardwick agradecen al Sr. y la Sra. Parkinson su atenta invitación a la boda de su hija y a la recepción que tendrá lugar después, pero lamentan que un compromiso previo les impida asistir.

También es aceptable un estilo un poco menos formal:

> Dear Mr and Mrs Parkinson
> Thank you so much for the kind invitation to Caroline and Chris's wedding, and to the reception afterwards.
> Unfortunately, we will not be able to come, as we have a prior engagement. We are so sorry to have to miss the wedding, but hope you all have a wonderful day.
> We wish every happiness to Caroline and Chris.
> Kind regards
> Alison and George Hardwick

> Estimados Sr. y Sra. Parkinson:
> Muchas gracias por su amable invitación a la boda y recepción de Caroline y Chris. Por desgracia, no podremos asistir, pues ya teníamos un compromiso. Lamentamos mucho perdernos la ceremonia, pero esperamos que pasen un día maravilloso. Les deseamos mucha felicidad a Caroline y a Chris.
> Saludos cordiales,
>
> Alison y George Hardwick

OBSERVACIÓN

En resumen, no debemos dejar de mencionar en nuestra invitación la hora, la fecha, el lugar y el motivo de la invitación. La persona que nos invita espera una respuesta que redactaremos en un estilo parecido al de la invitación. Aun cuando se trate de amigos, siempre es amable responder por escrito, en un estilo menos formal.

30

4. Cita

Encuentro amistoso

Las citas entre amigos se hacen casi siempre por teléfono o por e-mail. Además del día, la hora y el lugar de la cita, por lo general se acuerda una actividad particular y se hacen sugerencias en este sentido. He aquí algunas expresiones útiles:

" *What about ten o'clock?*
¿Qué tal a las diez?"

" *How about going to the cinema?*
¿Y si vamos al cine?"

" *Why don't we eat out tonight?*
¿Por qué no cenamos fuera?"

" *Let's have a coffee before we go home.*
Tomemos un café antes de regresar a casa."

" *I suggest we meet up after the show.*
Sugiero que nos veamos después del espectáculo."

" *Shall we just stay in and watch TV?*
¿Y si nos quedamos a ver televisión?"

⚠ La expresión '*I suggest*' ('*sugiero*') va siempre seguida por una subordinada '*I suggest we meet up around 8 pm*'

(*'Sugiero que nos veamos hacia las ocho de la noche'*), y no de un complemento de objeto directo. Note que no es necesario agregar el pronombre relativo *'that'*, pues se sobreentiende: *'I suggest we have a drink'* (*'sugiero que tomemos una copa'*).

Cita de negocios

También es común organizar citas de negocios por e-mail. En este caso, el tono del mensaje debe ser más bien formal:

Dear Andrew
I've been looking at this month's sales figures, and I was wondering if we could meet some time this week to discuss them. I'm free on Wednesday afternoon, from 2pm onwards. Does this suit you? I suggest we meet in the meeting room on the third floor. Let me know if this is convenient.
George

Estimado Andrew:
He revisado las cifras de ventas de este mes y me preguntaba si podríamos reunirnos esta semana para hablar al respecto. Yo estoy libre el miércoles por la tarde, de las dos en adelante. ¿Está usted libre también? Sugiero que nos veamos en el salón de juntas del tercer piso. Avíseme si esto le conviene.
George

Si debemos enviar una carta para avisar de una reunión importante, ésta debe ir impresa:

32

> *Application for post of textile designer*
> Dear Ms Denholm
> Thank you for your application for the above post. We would be to meet with you on 4 October 2003 at 3pm. Directions to our offices are enclosed. Please let us know by return of post if you are able to attend. We look forward to meeting you on the 4th.
> Yours sincerely
> Harry Fielding
> Director
>
> *Solicitud para el puesto de diseñador textil*
> Estimada Sra. Denholm:
> Gracias por su solicitud para el puesto citado. Nos gustaría reunirnos con usted el 4 de octubre de 2003 a las 3 pm. Adjunto a la presente encontrará las indicaciones para llegar a nuestras oficinas. Por favor confirme su asistencia a vuelta de correo. Esperamos verla el día 4.
> Atentamente,
>
> Harry Fielding
> Director

Ponga a prueba sus conocimientos

I. Elija las respuestas correctas:

1. ¿Cuál es la mejor fórmula de saludo para una carta de aniversario de un amigo?
(a) *Kindest regards*
(b) *Yours sincerely*
(c) *Love*

2. ¿Qué momento del año es el mejor para enviar una carta de buenos deseos?
(a) *Los días festivos*
(b) *Fin de año*
(c) *Navidad*

3. ¿En qué persona se redacta la invitación a una boda?
(a) *Primera persona del singular*
(b) *Segunda persona del plural*
(c) *Tercera persona del singular o plural*

II. Ordene las siguientes oraciones partiendo de la primera:

1. *Hi Jackie!*
2. *Hope you can make it.*
3. *Shall we meet up for a coffee after college tomorrow?*
4. *Long time no see!*
5. *How about 5pm in the City Café?*

Respuestas:

I. *1c - 2c - 3c* **II.** *1 - 4 - 3 - 5 - 2*

33

1. Reserva/Reservación de un cuarto de hotel

Un cuarto de hotel puede reservarse por teléfono o a través de una agencia de viajes. Si no estamos suficientemente seguros de poder sostener una conversación telefónica en inglés, podemos comunicarnos por e-mail. De cualquier forma, es recomendable enviar un e-mail o una carta para confirmar la reservación.

" *I would like to reserve a double room with en suite facilities.*
Quisiera reservar una habitación doble con baño."

" *I would like to reserve a single room with sea view.*
Quisiera reservar una habitación sencilla con vista al mar."

" *We require a twin room situated on the ground floor.*
Necesitamos un cuarto doble en la planta baja."

" *We require a family room for three nights from 4 to 6 November inclusive.*
Necesitamos una habitación para cuatro personas para tres noches, del 4 al 6 de noviembre inclusive."

" *I would like to know the rates for bed and breakfast for three nights.*
Quisiera información sobre las tarifas de una casa de huéspedes para tres noches."

⚠ Por lo general, un *'family room'* (*'cuarto para cuatro personas'*) es una habitación con una cama matrimonial, una individual y una cama de bebé ya instalada o que puede agregarse si el cliente lo solicita. Los *'bed and breakfast'* o *'B&B'* son menos caros que los hoteles y equivalen a una casa de huéspedes. Tienen la ventaja de ofrecer a los turistas un ambiente más familiar que los hoteles.

He aquí un modelo de carta de reserva/reservación:

Dear Sir/Madam

My wife and I are planning to travel round the Cotswolds in July, and if possible, we would like to reserve a double room for three nights from 13 to 15 July inclusive. Ideally, we would prefer a room with an en suite bathroom. Since my wife has difficulty climbing stairs, we will need a room situated either on the ground floor, or near a lift.

Could you please let me know your room availability and rates with breakfast?

I look forward to hearing from you soon.

Yours faithfully

Patrick Hellier

Estimado Sr(a):

Mi esposa y yo planeamos viajar a Cotswolds en julio y, de ser posible, quisiéramos reservar una habitación doble para tres noches, del 13 al 15 de julio inclusive. Lo ideal sería una habitación con baño. Dado que a mi esposa no le es fácil subir escaleras, necesitaremos una habitación en la planta baja o situada cerca de un ascensor. ¿Podría informarme sobre la disponibilidad y las tarifas de los cuartos, incluido el desayuno?

En espera de una pronta respuesta, reciba un cordial saludo,

Patrick Hellier

Dear Mrs Everston

This is to confirm the telephone booking I made on 20 May 2003. I require a single room with sea view and en suite shower from 3 to 4 June inclusive. The all-inclusive price for bed and breakfast for two nights, with dinner on the evening of 3 June will be £105, as agreed. Please find enclosed a check for £40 as deposit.

Yours sincerely

Jackie Frampton

Estimada Sra. Everston:

Escribo para confirmar la reservación que hice vía telefónica el 20 de mayo de 2003. Necesito una habitación sencilla con vista al mar y ducha, del 3 al 4 de junio inclusive. El precio del hospedaje con desayuno por dos noches, con comida en la tarde del 3 de junio será de £105, como acordamos. Adjunto a la presente un cheque por £40 como depósito.

Le envío un cordial saludo,

Jackie Frampton

37

2. Escribir a una oficina de turismo

He aquí algunas expresiones que nos ayudarán a escribir a una oficina de turismo para obtener información sobre alguna zona que queramos visitar:

" *I shall be touring around the Highlands of Scotland from 1 to the 15 August. I was wondering if you could send me some information on local events and places of interest in the area.*
Visitaré las Highlands de Escocia del 1 al 15 de agosto. ¿Podría enviarme información sobre las celebraciones locales y los sitios de interés?"

" *I would be very grateful if you would forward details of interesting places to visit in your area.*
Le agradecería si me enviara información sobre los lugares de interés turístico en su región."

" *Could you please send me a list of hotels situated in the vicinity of St. Mary's Church, Wilmslow?*
¿Sería tan amable de enviarme una lista de hoteles situados cerca de la Iglesia de Santa María, en Wilmslow?"

" *I would be most grateful if you could send me a plan of the Old Town together with a timetable for ferries to the islands.*
Le agradecería mucho si me enviara un mapa de la parte antigua de la ciudad, junto con los horarios de los transbordadores a las islas."

" *Thanking you in advance,*
Lesly Norton
Le agradezco de antemano,
Lesly Norton"

3. Hospedarse con una familia huésped

Si optamos por esta experiencia, debemos enviar una carta o un e-mail para presentarnos ante la familia huésped en cuanto sepamos sus datos. Podemos exponer quiénes somos, manifestar interés por la familia y hacer preguntas sobre sus diferentes miembros.

" *I have just received your details from Centerlangs, and I am writing to let you know a little about myself.*
Acabo de recibir la información que me enviaron de Centerlangs, y ahora escribo para contarles un poco sobre mí."

" *My name is Daniel, but most people call me Danny.*
Mi nombre es Daniel, pero casi todos me dicen Danny."

" *I live in Jalisco, a state in the easte of Mexico.*
Vivo en Jalisco, un estado al occidente de México."

" *I'm married with two children, aged 3 and 5.*
Estoy casado y tengo dos hijos de 3 y 5 años."

" When I'm not working, I enjoy going to the
cinema, walking in the mountains and reading.
*Cuando no trabajo, me gusta ir al cine, caminar en
las montañas y leer."*

" Do you have any pets?
¿Tienen mascotas?"

" Have you always lived in Eastbourne?
¿Siempre han vivido en Eastbourne?"

" Looking forward to meeting you all in July!
¡Espero conocerlos a todos en julio!"

4. Reclamar a un sitio vacacional

Si queremos quejarnos, lo mejor es enviar una carta. A
continuación encontraremos algunas expresiones que nos
ayudarán a redactar nuestra carta:

" I wish to complain about the holiday from which
I have just returned.
*Quiero presentar una queja sobre las vacaciones que
recién tomé."*

" At the time of booking it was agreed that we
would have use of the local leisure club.
*En el momento de hacer nuestra reserva/reservación,
se acordó que podríamos hacer uso del club de
entretenimiento local."*

" However, on our arrival, we discovered that we
were obliged to pay for all sports facilities.
*Sin embargo, al llegar descubrimos que teníamos que
pagar por todas las instalaciones deportivas."*

" The standard of accommodation that we were
forced to accept severely marred the enjoyment
of our holiday.
*La mediocridad de las instalaciones que nos vimos
forzados a aceptar nos impidió disfrutar de nuestras
vacaciones."*

" Under the terms of your guarantee, I would like
to request a full reimbursement of the amount
paid.
*De acuerdo con los términos de su garantía, me
gustaría solicitar un reembolso total de la suma
pagada.*"

" I look forward to receiving, in the next 14 days, a
reasonable offer of compensation.
*En el curso de las dos semanas siguientes, espero
recibir una oferta de compensación razonable.*"

220 Streatham High Road
London
SE23 5GN
3 August 2003

Cherrytrees Cottage, Keswick,
reference number HC1093

Dear Sir or Madam

I am writing to complain about the standard of
accommodation at the holiday cottage I booked through
your company.

At the time of booking, I stipulated that we required
a three-bedroomed cottage with two bathrooms, a
kitchen and living room. The brochure states that the
kitchen is fully equipped with cooker, fridge freezer,
microwave and dishwasher. However, on our arrival, we
discovered that the third bed consisted of a sofabed in
the living room. Moreover, the kitchen, which had not
been cleaned, contained no microwave and no
dishwasher.

We complained immediately to your agent, who told
us only that there must have been a mistake.

The standard of accommodation that we were forced
to accept severely marred the enjoyment of our holiday,

and so, under the terms of your guarantee, I would like to request compensation.

I look forward to receiving a reasonable offer within the next 14 days.

Yours faithfully

Brian Metcalf

---

3 de agosto de 2003

Cherrytrees Cottage, Keswick,
número de referencia: HC1093

Estimado(a) Sr.(a):

Escribo para presentar una queja sobre la calidad del hospedaje que reservé a través de su compañía.

En el momento de reservar, se acordó que requeríamos una cabaña con tres habitaciones, dos baños, una cocina y sala de estar. En su folleto de propaganda se asegura que la cocina está totalmente equipada y cuenta con una estufa, refrigerador, horno de microondas y lavavajillas. Sin embargo, al llegar descubrimos que la tercera habitación era en realidad un sofá cama en la sala de estar. Además, la cocina, que no estaba limpia, no contaba con horno de microondas ni lavavajillas.

De inmediato presentamos una queja con su agente, quien se limitó a decirnos que debió haber algún error.

La calidad del hospedaje que nos vimos forzados a aceptar nos impidió disfrutar de nuestras vacaciones, así es que, de acuerdo con los términos de su garantía, me gustaría solicitar una compensación.

Espero recibir una oferta razonable en el curso de las dos semanas siguientes.

Atentamente,
Brian Metcalf

Ponga a prueba sus conocimientos

I. Complete las siguientes oraciones con el verbo adecuado:

1. *I would like to .... a double room with en suite facilities.*

2. *This is to .... the telephone booking I made on of 20 May 2003.*

3. *I wish to .... about the holiday from which I have just returned.*

II. Complete el siguiente texto:

1. *My wife and I are .... to travel round the Cotswolds in July. We would like to reserve a double room for three nights from 13 to 15 July .... Ideally, we would prefer a room with an .... bathroom.*

Respuestas:

I. *reserve - confirm - complain*

II. *planning - inclusive - en suite*

Mudanzas e inscripciones

1. Avisar a las autoridades locales

Si cambiamos de país, seguramente tendremos que llenar un gran número de formularios. A continuación se presentan los términos más comunes y un modelo de formulario:

" *first name/christian name/forename(s)*
  nombre(s)"
" *title (Miss, Ms, Mr, Dr)*
  tratamiento (Señorita, Señora, Señor, Doctor)"
" *full name*
  nombre completo"
" *date of birth*
  fecha de nacimiento"
" *marital status (single, married, widowed,*
  divorced, separated)
  estado civil [soltero(a), casado(a), viudo(a),
  divorciado(a), separado(a)]"
" *occupation*
  ocupación"

Surname (Mr/Mrs/Miss/Ms/Prof/Dr) _____

First name _____

Address _____

Tel n° _____

Fax n° _____

Email address _____

Date of birth_____

National insurance number _____

When did you arrive in the UK?_____ / _____ / _____
(day/month/year)

Do you intend to stay permanently in the UK? _____

Are you single, widowed, married or divorced? _____

What was your address before moving to the UK? _____
Country _____
Declaration
The information that I have given in this form is correct and
complete to the best of my knowledge and belief.
Signature _____
Date _____

Apellido (Sr./Sra./Srita./Prof./Dr.) ....
Nombre ....
Dirección ....
Teléfono ....
Fax ....
Correo electrónico ....
Fecha de nacimiento ....
Número de seguridad social ....
¿Cuándo llegó al Reino Unido?.............../.............../...........
(día/mes/año)
¿Piensa residir en el Reino Unido? ....
¿Es usted soltero(a), viudo(a), casado(a) o divorciado(a)? ....
....
¿Cuál era su dirección antes de llegar al Reino Unido? ....
....
País de origen ....
Declaración
Declaro que la información proporcionada en esta forma es co-
rrecta y exacta.
Firma...
Fecha..

44

⚠ **Actualmente, la expresión *'christian name'* (*'nombre de
pila'*) se utiliza poco. El título *'Ms'* (pronunciado *'Miz'*) fue
creado como término genérico que engloba *'Miss'* y *'Mrs'*,
con el objetivo de evitar las distinciones discriminatorias.
Este tratamiento también sirve cuando no conocemos el
estado civil de una corresponsal.**

64 Laurel Way
Kingston-upon-Thames
Surrey
KT4 5PS

Director of Finances
Payments Department
Kingston Town Council
Kingston-upon-Thames
KT1 4DS

6 August 2003

Change of address.
Council tax account number: 240000891

Dear Sir or Madam

I am writing to inform you that as from 23 August 2003 I shall no longer be resident at the above address. My new address, from 24 August 2003 will be:

56 High Cross Avenue
Hawsley
West Sussex
BN44 8HJ

I have notified Brighton and Hove Council of my arrival. I would be grateful if you could calculate any reimbursement that I may be due on my August payment, and request that it be paid to me, by cheque, sent to my new address.

Thank you very much.

Yours faithfully

Olivia Coldwell

6 de agosto de 2003

Cambio de dirección

Estimado(a) Sr.(a):

Escribo para informarle que a partir del 23 de agosto de 2003 no residiré en la dirección arriba citada. Desde el 24 de agosto de 2003 mi nueva dirección será:

56 High Cross Avenue

Hawsley

West Sussex

BN44 8HJ

Ya he notificado a los Consejos de Brighton y Hove sobre mi llegada. Le agradecería si pudiera calcular cualquier reembolso que se derive de mi pago de agosto y lo enviara en un cheque a mi nombre a mi nueva dirección.

Muchas gracias.

Queda de usted,

Olivia Coldwell

En Gran Bretaña no es necesario informar a la policía de nuestro cambio de dirección, pero debemos notificarlo al municipio en el cual pagaremos el *'council tax'* (*'impuestos locales'*). También debemos precisar la fecha de nuestra mudanza así como nuestra nueva dirección. En cualquier carta dirigida a organismos públicos, no debemos olvidar indicar los números de referencia que les permitan identificarnos con presteza.

Inscribir a un niño en una guardería

En Gran Bretaña las guarderías municipales no existen, por lo que debemos recurrir a guarderías privadas cuyas cuotas suelen ser más elevadas que en otros países. Se aconseja inscribir a los niños tan pronto como sea posible, incluso antes de su nacimiento, pues las listas de espera pueden ser largas.

Dear Mrs Williamson

Thank you so much for taking the time to show us round your lovely nursery yesterday afternoon. We were most impressed with the facilities and the staff, as well as the warm, friendly atmosphere you have created. We would therefore be delighted if a place could be kept for Katy, starting from 1st September 2003.

As discussed, we would require nursery care three days a week, preferably Monday, Tuesday and Wednesday, from 8.30am to 5.30pm.

We would be grateful if you could confirm before the end of August. We look forward to seeing you again after the move.

Yours sincerely

Chris and Sue MacKinnon

Estimada Sra. Williamson:

Muchas gracias por mostrarnos su encantadora guardería ayer por la tarde. Las instalaciones y el personal nos dejaron una grata impresión, así como el ambiente cálido y amigable que ustedes han creado. Por ello, estaríamos muy contentos si apartaran un lugar para Katy, a partir del 1 de septiembre de 2003.

Como lo acordamos, necesitaríamos el servicio de guardería tres veces a la semana, de preferencia lunes, martes y miércoles, de 8:30 a.m. a 5:30 p.m.

Le agradeceríamos enviar su confirmación antes de que termine agosto.

Esperamos verla de nuevo después de nuestra mudanza.

Reciba nuestros más sinceros saludos,

Chris y Sue MacKinnon

Informar de un cambio de escuela

En Gran Bretaña la escuela es obligatoria hasta los dieciséis años y, por tanto, debemos informar a las escuelas de nuestros hijos sobre cualquier cambio de dirección.

Dear Mrs Hazelmere

I am writing to inform you that our son, Patricio, will be leaving Solihull High at the end of the summer term, due to our return to Chile. Patricio will be going back to his former school in Santiago after a very exciting and valuable year in the UK.

Thank you so much for all the support you and your staff have given him during his time with you.

I know he will miss you all.

Yours sincerely

Jorge and Alicia Undurraga

Estimada Sra. Hazelmere:

Escribo para informarle que nuestro hijo, Patricio, dejará la secundaria Solihull al terminar el semestre de verano, pues estaremos de vuelta en Chile. Patricio regresará a su antigua escuela en Santiago tras un emocionante y valioso año en el Reino Unido.

Muchas gracias por el apoyo que usted y el resto del personal le han brindado durante su estancia aquí.

Sé que los extrañará.

Sinceramente,

Jorge y Alicia Undurraga

OBSERVACIÓN

Si debemos inscribir a nuestros hijos en una escuela británica (o de otro país anglófono), debemos informarnos con anticipación sobre los calendarios escolares. En Inglaterra, las vacaciones de verano no comienzan sino hasta mediados de julio y duran cerca de seis semanas. Así, el año escolar comienza a principios de septiembre. En cambio, en Escocia las escuelas cierran a fines de junio y abren alrededor del quince de agosto.

2. Bancos y aseguradoras

Levantar un acta ante una compañía aseguradora

Si debemos levantar un acta de pérdida, robo o acciden-te, probablemente tendremos que llenar un formulario. Se nos pedirá describir las circunstancias del incidente. El siguiente ejemplo muestra que la forma progresiva se utiliza para describir la situación, mientras que el pretéri-to simple se usa para narrar los acontecimientos.

" *I was travelling on the London Underground when some young boys distracted me. One of them must have taken my wallet.*
Estaba en el metro de Londres cuando algunos jóvenes me distrajeron. Uno de ellos debió haber tomado mi billetera."

" *I was having lunch in a restaurant when someone snatched my handbag.*
Estaba almorzando en un restaurante cuando alguien me quitó el bolso de mano."

" *I left my briefcase on a bus in Bristol.*
Olvidé mi portafolios en un autobús en Bristol."

" *I was reversing out of my driveway when the Toyota came round the corner so fast that I was unable to stop.*
Estaba saliendo de mi cochera en reversa cuando el Toyota dobló la esquina tan rápido que me fue imposible frenar."

" *I was waiting to turn right at a T-junction when a car approaching behind me failed to stop. The collision caused a large dent in the back of my car.*
Esperaba girar a la derecha en un crucero cuando un automóvil detrás de mí no frenó y abolló la parte trasera de mi automóvil."

" *I skidded on a patch of ice and lost control of the car.*
Resbalé sobre una capa de hielo y perdí el control del automóvil."

49

" *I was overtaking a van on my motorcycle when it started to pull out.*
Estaba rebasando una camioneta en mi moto cuando comenzó a salirse de su carril sin avisar. "

Pérdida o robo de tarjeta de crédito o chequera

I am writing to confirm our telephone call of this morning, in which I informed you of the loss of my credit card number 0294 5678 9875 609. I first noticed that it was no longer in my wallet this morning. I last used it on Thursday 16 May to buy books in Bookworm.

Escribo para confirmar mi llamada telefónica de esta mañana, en la cual le informé sobre el extravío de mi tarjeta de crédito número 0294 5678 9875 609. Esta mañana me di cuenta de que ya no estaba en mi cartera. La última vez que la utilicé fue el jueves 16 de mayo para comprar libros en Bookworm.

Ponga a prueba sus conocimientos

I. Complete las siguientes oraciones utilizando el verbo y la conjugación apropiados:

1. *I am writing to .... you that as from 23 August 2003, I shall no longer be resident at the above address.*

2. *We would be grateful if you could .... before the end of August.*

3. *I was .... out of my driveway when the car came round the corner so fast that it was unable to stop.*

4. *I first .... that it was no longer in my wallet this morning.*

II. Complete el texto:

1. *I am writing to .... you that as from 23 August 2003, I shall no longer be .... at the above address. My new address, from 24 August 2003 will be: 56 High Cross Avenue Hawsley West Sussex BN44 8HJ. I have .... Brighton and Hove Council of my ....*

Respuestas:

I. *inform - confirm - reversing - noticed*

II. *inform - resident - notified - arrival*

Cartas e e-mails comerciales

1. Observaciones generales

El tono de una carta de negocios o de un e-mail profesional suele ser convencional. El texto debe ser corto, preciso y cortés. Muchas empresas comerciales utilizan papel membretado, por lo que sólo tendremos que agregar el nombre y la dirección de nuestro corresponsal. Éstos deben ir a la derecha. En general, las cartas comerciales comienzan con una referencia, introducida por la expresión: *'Our reference'* o *'Our ref'*. No olvidemos mencionar en nuestra respuesta *'Your reference'* o *'Your ref'*. Si adjuntamos documentos, podemos agregar la abreviatura *'Encl.'* bajo nuestra firma en la parte de abajo de la carta. *'Encl.'* es la abreviatura de *'enclosure(s)'*, que significa 'documento(s) adjunto(s)'. Si ya mencionamos los documentos en nuestra carta, *'Encl.'* puede emplearse sola. De lo contrario, debe ir seguida por una lista detallada de los documentos adjuntos.

2. Solicitar información

Una solicitud de información sencilla puede hacerse por e-mail:

" *Further to your advertisement in this month's edition of 'Computer Monthly', I am writing to request a brochure on your laptops.*
Atendiendo a su anuncio en la edición de 'Computer Monthly' de este mes, les solicito un folleto de información sobre sus computadoras portátiles."

" *I have seen your advertisement in the 'Southern Reporter' and I would be grateful for some further details about your services.*
Vi su anuncio en el 'Southern Reporter' y les agradecería si me enviaran mayor información sobre los servicios que prestan."

" *I would also be grateful if you could let me know what forms of payment you accept, and what your delivery policy is.*
También les agradecería que me informaran sobre las formas de pago y sus modalidades de envío."

Responder una solicitud de información

He aquí el ejemplo de una carta para acompañar el envío de un folleto:

Dear Mr Fothergill

Further to your request for information regarding our laptops, please find enclosed a copy of our new brochure. We hope you will enjoy shopping with Aldis, and thank you for your interest in our company.

Yours sincerely

Angus McCabe

Estimado Sr. Fothergill:

En respuesta a su solicitud de información sobre nuestras computadoras portátiles, adjunto a la presente le enviamos el nuevo folleto. Esperamos que disfrute sus compras con Aldis, y gracias por su interés en nuestra compañía.

Le envío un cordial saludo,

Angus McCabe

3. Carta de reclamación

Una reclamación puede hacerse por carta o por e-mail, en especial cuando se trata de un recordatorio. Éste es el recordatorio sobre el retraso de una entrega:

Dear Mr Kay

When looking through my records this morning I noticed that one of our orders for stationery products remains outstanding.

The reference number is AF124659.

Could you possibly let me know the status of the order?

Thank you very much.

Kind regards

Jack Lyons

Estimado Sr. Kay:

Esta mañana, al revisar mis archivos, me di cuenta de que uno de nuestros pedidos de artículos de oficina está pendiente. El número de referencia es AF124659.

¿Podría informarme sobre el estado de este pedido?

Muchas gracias.

Saludos,

Jack Lyons

55

Modelo de una carta de reclamación comercial

Una reclamación grave debe incluir todos los detalles relacionados con los artículos en cuestión —fechas, plazos y acuerdos previos— y exigir una respuesta concreta:

Brightlings Housing Association
6 Bishop Street
Manchester
M2 5TP

The Customer Services Manager
Newtown Removals
Unit 7
Grafton Docks Road
Manchester
M14 8KD

1 July 2003

Invoice no. 4501283

Dear Sir

I am writing to express my dissatisfaction with the service my company received from your removals department on 26 June 2003.

I notified your company on 2 June that we planned to move offices on 24 June, but was informed only one week before this date that you would not be able to provide this service until the 26th.

As you might imagine, this change of plan caused a lot of worry and confusion amongst my staff.

On the day of the removal, we were surprised to see a small team of three young men, who were expected to pack and move our offices in one day.

Despite arriving as 8.30am, they were still with us at 7pm, by which time they, and we, were exhausted.

Finally, on unpacking the boxes in our new offices we found that the following items were broken: one computer monitor, a set of plant-pot holders, three picture frames. Our insurance will, of course, cover these items, but the fact remains that they were packed hurriedly by a tired and overworked team.

I am witholding payment of the above invoice until I have heard your response to the points outlined above. Yours faithfully

Henry Hardcastle
Managing Director

---

1 de julio de 2003

Factura No. 4501283

Estimado Sr.:

Escribo para expresar mi disgusto por el servicio que su departamento de mudanzas prestó a mi compañía el día 26 de junio de 2003.

El 2 de junio notifiqué a su compañía que necesitaríamos mudar nuestras oficinas el día 24. Sin embargo, tan sólo una semana antes de esta fecha, ustedes me hicieron saber que no podrían proporcionar este servicio antes del 26.

Como podrá suponer, este cambio generó preocupación y confusión entre el personal.

El día de la mudanza, nos sorprendió ver a un reducido equipo de tres jóvenes que pretendían embalar y trasladar nuestras oficinas en un solo día.

A pesar de haber llegado a las 8:30 a.m., estos tres hombres aún estaban con nosotros a las 7:00 p.m., hora en la que, al igual que nosotros, estaban exhaustos.

Finalmente, al desembalar las cajas en nuestras nuevas oficinas, encontramos que los siguientes artículos estaban rotos: un monitor de computadora, un juego de bases para macetas y tres portarretratos.

Claro que nuestro seguro cubrirá el costo de estos artículos, pero el hecho es que fueron embalados apresuradamente por un equipo de hombres cansados y cargados con demasiado trabajo.

> Por el momento, estoy reteniendo el pago de esta factura
> hasta tener una respuesta suya sobre los puntos mencionados.
> Le envío un cordial saludo,
>
> Henry Hardcastle
Gerente general

Responder una reclamación

Si debemos responder una reclamación, es importante que
seamos objetivos y conservemos un tono amable en toda
la carta:

" *I was concerned to hear of your dissatisfaction
with the service you received from our company.*
Me consternó mucho saber que el servicio prestado
por nuestra compañía fue insatisfactorio."

" *I must apologise sincerely for the treatment you
received.*
Debo ofrecerle mis sinceras disculpas por el trato que
recibió."

" *I am sorry to hear you were not satisfied with the
service.*
Siento escuchar que nuestro servicio no le satisfizo."

" *I apologise for the inconvenience this has caused
you.*
Le ofrezco una disculpa por los contratiempos que
esto le haya causado."

" *I hope that you will accept a 10% discount on the
total amount payable.*
Espero que acepte 10% de descuento sobre el total a
pagar."

" *I have already dispatched a replacement
consignment to reach you by 3 August.*
Ya he enviado un lote para sustituir el anterior, y
habrá de llegar alrededor del 3 de agosto."

" *Please find attached a credit note to the value of
£50, to be redeemed against any of our products.*
Adjunto a la presente encontrará un vale por £50,
que puede canjearse por cualquiera de nuestros
productos."

" *I hope we will continue to enjoy your valued
custom.*
Espero que podamos seguir contando con un cliente
como usted."

Modelo de respuesta a una reclamación

Newtown Removals
Unit 7
Grafton Docks Road
Manchester
M14 8KD
Tel: 0161 666 8900

Mr H Hardcastle
Managing Director
Brightlings Housing Association
6 Bishop Street
Manchester
M2 5TP

3 July 2003

Invoice no. 4501283

Dear Mr Hardcastle

Thank you for your letter of 1 July 2003, in which you
express your dissatisfaction with the service your
company received from us during your removal.
I am very concerned that if there is any question of
unsatisfactory service, it be looked into immediately.
I have spoken to the project manager involved.
He has confirmed that there was indeed a shortage of
staff on the day in question.

The fourth member of the team was taken ill at such short notice that we were unable to find a replacement in time.

Regarding the point you make about the date of removal being changed one week before, I must draw your attention to our Policy Document, where you will see that confirmation of dates cannot be finalised until one week before the removal. Finally I must apologise sincerely for the breakages which you itemise.

I hope you will accept a 10% reduction on the total amount payable for the service.

I look forward to hearing your response.

Yours sincerely

Brian Campbell
Customer Services Manager

---

3 de julio de 2003

Factura No. 4501283

Estimado Sr. Hardcastle:

Gracias por su carta del 1° de julio de 2003, en la cual expresa su disgusto por el servicio que su compañía recibió de nuestra parte durante su mudanza.

Me preocupa mucho que exista cualquier queja por un servicio insatisfactorio y considero que ésta debe atenderse de inmediato. He hablado con el coordinador que estuvo a cargo.

Me ha confirmado que ese día no hubo suficiente personal.

El cuarto miembro del equipo enfermó y no hubo tiempo suficiente para encontrar un reemplazo.

Sobre el hecho de que la fecha de mudanza se modificó una semana antes, debo llamar su atención sobre nuestro documento de políticas de la empresa, en el cual podrá observar que la confirmación de las fechas no puede realizarse hasta una semana antes de la mudanza. Finalmente, debo disculparme por los objetos rotos que enlista.

Espero que acepte 10% de descuento sobre el total a pagar por el servicio.

Quedo a la espera de su respuesta.

Le envío un cordial saludo,

Brian Campbell
Gerente de Servicios al Cliente

4. Hacer un pedido

Por lo general, los pedidos se hacen por teléfono, pero se ha vuelto común enviar un e-mail:

I would like to place an order for the following items:
Quisiera ordenar los siguientes artículos:

Please find below a list of items for order:
Abajo enlisto una serie de artículos que deseo ordenar.

I would appreciate early notification of the planned delivery date.
Espero que puedan notificarme con anticipación cuál será la fecha de entrega.

Since these items are required urgently, I would like to take up your offer of express delivery at an extra cost of £10.
Ya que requiero estos artículos con urgencia, tomaré su oferta de entrega inmediata con un costo extra de £10.

5. Cancelar un pedido

Una cancelación puede hacerse por teléfono, pero no sería raro que se nos pida confirmarla por fax o correo, pues puede requerirse una firma para evitar problemas posteriores. He aquí el ejemplo de un fax enviado después de una cancelación telefónica:

To: Ms Katie Allen
From: Patricia Winthrop, Quickprint Company
Date: 23.07.03
Subject: Cancellation of order no. 23908
Dear Ms Allen
Further to our telephone conversation this morning, I would like to confirm cancellation of the above order, placed by my company on 19.07.03. I apologise for any inconvenience this may cause.
Regards

Patricia Winthrop

Para: Sra. Katie Allen
De: Patricia Winthrop, Compañía Quickprint
Fecha: 23/07/2003
Asunto: Cancelación de la orden No. 23908
Estimada Sra. Allen:
    Con respecto a nuestra conversación telefónica de esta mañana, deseo confirmar la cancelación de la orden arriba citada, hecha el 19 de julio de 2003. Le envío una disculpa por las molestias que esto pueda ocasionarle.
    Saludos cordiales,

Patricia Winthrop

6. Enviar una factura

Una factura incluirá el nombre y la dirección de la empresa, la fecha, un número de referencia, el nombre del destinatario, los detalles de los artículos o servicios proporcionados, el precio por unidad, el monto total y un recordatorio de las condiciones particulares. He aquí un ejemplo:

>Kolpack plc
>Unit 6
>St Boswells Industrial Estate
>St Boswells
>Farnburghshire
>GK8 5YT

Invoice n° 7690

FAO: Malcolm O'Bryan
67 Kelvinside Road
Glasgow
GL5 7LP
Quantity: 25
Description; desk diaries
Price excl VAT: £115
VAT: £20
Quantity: 200
Description: plastic report covers
Price excl VAT: £35
VAT: £6
Total Price: £176
Terms: 30 days nett

Kolpack plc
Unit 6
St Boswells Industrial Estate
St Boswells
Farnburghshire
GK8 5YT

Factura No. 7690

Para: Malcolm O'Bryan
67 Kelvinside Road
Glasgow
GL5 7LP
Cantidad: 25
Descripción: agendas de escritorio
Precio sin IVA: £115
IVA: £20
Cantidad: 200
Descripción: protectores plásticos para documentos
Precio sin IVA: £35
IVA: £6
Total: £176
Plazo: a liquidarse en 30 días

7. Redactar un acuse de recibo

Kolpack plc
Unit 6
St Boswells Industrial Estate
St Boswells
Farnburghshire
GK8 5YT

Invoice n° 7690

Received from:
Malcolm O'Bryan

67 Kelvinside Road
Glasgow
£ 176 Payment received with thanks.
John Hawkwood

Factura No. 7690

Recibí de:

Malcolm O'Bryan
67 Kelvinside Road
Glasgow

£176

Gracias por su pago.

John Hawkwood

8. Carta promocional

El estilo de una carta publicitaria debe ser ligero, sin ser demasiado familiar. De ser posible, nos informaremos sobre la identidad de nuestros clientes potenciales para personalizar nuestra carta. Podemos agregar una muestra gratuita de nuestro producto. Por último, indicaremos cómo ponerse en contacto con nosotros:

65

Fastline Publishing
Harrow House
Upper Cockburn Street
London
W1 4HC

Mrs JM Gielgood
Astleys Computer Products
19 West Coates Avenue
Norwich
N6 1PC

6 July 2003

Publishing Opportunities in Central Europe

Dear Mrs Gielgood

We are an established publisher of trade and business journals with high visibility throughout Central Europe. Currently we are offering special advertising rates and benefits to new customers.

This is an excellent opportunity for your company to increase its share of the I.T. market in the growing Central European market place.

Please find enclosed two complementary copies of our journals. If you wish to pursue our offer, or require any further information, contact our enquiry line on Free-phone 0800 3765.

I look forward to hearing from you and to a possible future partnership.

Yours sincerely

T. Norris
Sales Director

6 de julio de 2003

Estimada Sra. Gielgood:

Somos una casa editorial de revistas de finanzas y negocios con una amplia distribución en Europa Central.

Actualmente estamos ofreciendo tarifas especiales de publicidad y beneficios adicionales a los nuevos clientes.

Ésta es una excelente oportunidad para que su compañía obtenga mayores beneficios en el creciente mercado de tecnología de la información en Europa Central.

Adjuntas a la presente encontrará dos copias de nuestras revistas. Si desea contratar nuestra oferta, o requiere de mayor información, nuestra línea de atención gratuita es 0800 3765.

Espero saber de usted pronto para cerrar futuros tratos.

Con un cordial saludo,

T. Norris
Director de ventas

9. Redactar un anuncio

Un anuncio para el periódico se redacta en un estilo abreviado. Podemos omitir artículos, preposiciones y ciertas formas verbales. Las ofertas de servicios se redactan en tercera persona. No olvidemos indicar un número de teléfono donde ponerse en contacto con nosotros:

" Experienced, mature babysitter seeks
4-5 hours' work per week.
**Niñera madura con experiencia busca
trabajo de 4-5 horas a la semana."**

" Cleaner required light housework two
days a week. Good rates offered.
**Se busca trabajadora doméstica para
labores ligeras dos días a la semana.
Buen salario."**

" Maths undergraduate offers help with
revision. Friendly approach. £12/hour.
**Estudiante de matemáticas ofrece
asesoría. Aprendizaje amigable.
£12/hora."**

" Mexican student studying for MA in
Edinburgh offers private Spanish tuition
Competitive rates Grammar and spoken
language covered Preparation for exams
Phone Daniel on 0131 488 6798.
**Estudiante mexicano cursando maestría
en Edimburgo ofrece lecciones privadas
de español.
Precios accesibles, gramática y expresión
oral, preparación para exámenes.
Llama a Daniel al 0131 488 6798."**

Ponga a prueba sus conocimientos

I. Elija la preposición correcta:

1. Further .... your advertisement in this month's edition of "Computer Monthly", I am writing to request a brochure on your laptops.

2. We hope you will enjoy shopping with Aldis, and thank you for your interest .... our company.

3. I must apologise sincerely .... the treatment you received.

4. I assume that the amount payable will be subject .... the usual trade discount.

II. Elija la respuesta correcta:

1. ¿Qué significa la abreviatura 'Encl.' al final de una carta?

   (a) Encoded

   (b) Enclosure(s)

   (c) Encryption

2. ¿Dónde se escribe la dirección del destinatario en una carta comercial?

   (a) En medio, arriba.

   (b) Arriba a la derecha.

   (c) A la izquierda, debajo de la dirección del remitente.

Respuestas:

I. to - in - for - to **II.** 1b - 2c

1. Observaciones generales

Para pedir trabajo como practicantes, responder una oferta de trabajo o postularnos de manera espontánea, nuestra carta, de formato A4, debe estar redactada en un procesador de textos. Sólo la firma va manuscrita.

Estructurar una carta de candidatura

Para solicitar empleo, deben mencionarse necesariamente ciertos elementos. A continuación encontraremos algunas expresiones que nos orientarán en cada etapa. En primer lugar, debemos precisar el puesto para el cual nos postulamos:

> " *I am writing to inquire as to whether you would be interested in offering me a short period of work experience in your company.*
> *Escribo para saber si estarían interesados en ofrecerme un trabajo como practicante durante un corto periodo en su empresa.*"

> " *I would like to inquire as to whether there are any openings for junior sales administrators in your company.*
> *Me gustaría saber si existe alguna vacante para subgerentes de ventas en su empresa.*"

> " *I am writing to apply for the post of web designer.*
> *Escribo para presentar mi candidatura al puesto de diseñador de páginas electrónicas.*"

> " *I would like to apply for the position of computer programmer, as advertised on your website.*
> *Me gustaría presentar mi candidatura al puesto de programador, en respuesta a la solicitud hecha en su página electrónica.*"

" *I am writing to apply for the above post, as advertised in the 'Independent' of 4 August 2003.*
Escribo para solicitar el puesto arriba citado, como se anunció en el diario 'Independent' del 4 de agosto de 2003."

⚠ **La frase anterior se utiliza si ya se mencionó el título y, en dado caso, el número de código del puesto que aparece en la línea 'Asunto'. Es importante notar que en inglés británico puede escribirse tanto *'enquire'* como *'inquire'*.**

Enseguida daremos algunos ejemplos de nuestra experiencia personal para demostrar que tenemos el perfil adecuado para ocupar el puesto:

" *I achieved a distinction at A Level Maths.*
Obtuve una distinción académica en el nivel A de matemáticas."

" *I contributed to the development of our accounting software.*
Contribuí al desarrollo de nuestros programas para contabilidad. "

" *I co-ordinated the change-over from one operating system to another.*
Coordiné el cambio de un sistema operativo al otro."

" *I developed new designs for a range of table linen.*
Desarrollé nuevos diseños para una línea de artículos de mesa."

" *I gained experience in several major aspects of marketing.*
Tengo experiencia en varios aspectos importantes de mercadotecnia."

" *I implemented a new system to monitor production.*
Puse en marcha un nuevo sistema de control de producción."

" *I presented our new products at the annual sales fair.*
Presenté nuestros nuevos productos en la exposición anual de ventas."

" *I have supervised a team of freelancers on several projects.*
Supervisé a un equipo de freelancers en diferentes proyectos."

Después podemos enumerar nuestras cualidades personales:

" *I see myself as systematic and methodical in my approach to work.*
Me considero una persona que trabaja sistemática y metódicamente."

" *I am an impartial and tolerant person, with an ability to get on well with people from all walks of life.*
Soy una persona imparcial y tolerante, con capacidad de convivir en buenos términos con personas de diferentes estilos de vida."

" *I am hardworking and commercially minded, and able to stay calm under pressure.*
Trabajo duro y con espíritu comercial, y puedo permanecer tranquilo bajo presión."

" *My last job required me to be sensitive and tactful, and I feel that my personality proved to be suited to this type of work.*
Mi último trabajo me exigía sensibilidad y tacto, y creo que mi personalidad demostró ser apta para este tipo de trabajo."

De igual forma, explicaremos por qué nos interesa obtener el puesto:

" *I am keen to find a post with more responsibility where I can use my programming skills.*
Me propongo encontrar un puesto de mayor responsabilidad en el que pueda aplicar mis habilidades como programador."

" *I have been doing temporary work, and now wish to find a more permanent full-time position.*
He realizado trabajos temporales y ahora deseo ocupar un puesto permanente de tiempo completo."

" *I would now like to further my career.*
Me gustaría darle un mayor desarrollo a mi desempeño profesional."

" *After extensive research, I feel that your company's activities most closely match my own values and interests.*
Después de una larga investigación, me parece que las labores de su compañía son las que mejor cubren mis intereses y valores."

Debemos mostrarnos motivados y disponibles para una entrevista:

" *I would be pleased to come for an interview at your convenience.*
Me agradaría asistir a una entrevista cuando les convenga."

" *I would be delighted to meet you to discuss the position further. I am available on Monday and Wednesday afternoons.*
Estaría encantado de reunirme con ustedes para comentar más sobre el puesto. Estoy disponible lunes y miércoles por la tarde."

" *Please do not hesitate to contact me if you need more detailed information.*
Por favor no dude en llamarme si necesita mayor información."

2. Las prácticas profesionales

Solicitar trabajo como practicante

Si buscamos dónde hacer nuestras prácticas profesionales, seguramente estamos comenzando nuestra carrera y tal vez aún no tengamos experiencia profesional. Por tanto debemos concentrarnos en las cualidades requeridas para este tipo de trabajo y subrayar que pensamos tener el perfil adecuado.

5 Lower King's Street
Cambridge
CA3 5BN
Ms F Osborne
Grandley's Merchant Bank
45-47 Monument Street
London
E1 6JZ
4 August 2003

Dear Ms Osborne

I am a student, currently in my final year of a Business
Studies degree.

I am writing to inquire as to whether you have any
openings for three months' work experience in your
department during the period July to September this
year.

Throughout my course of study, I have concentrated
particularly on overseas markets, imports and exports,
and business English, and so I hope that while learning
from your business activities, I may also be able to help
out with some of the simpler tasks in the office.

I am reliable and punctual, and am looking forward to
getting an insight into the world of work.

Please do not hesitate to contact me if you require any
more information. I am available for interview on
Wednesday and Friday afternoons. In the meantime,
I look forward to hearing from you.

Yours sincerely

Jane Parkinson

· 4 de agosto de 2003

Estimada Sra. Osborne:

Estudio el último año de la Licenciatura en Administración.

Escribo para saber si en su departamento cuentan con vacantes para una práctica profesional de tres meses, en el período de julio a septiembre de este año.

Durante mis estudios me he concentrado particularmente en mercados americanos, importaciones y exportaciones, e inglés comercial, así que espero que mientras aprendo de su actividad empresarial, pueda auxiliar en algunas de las labores de oficina más sencillas.

Soy una persona confiable y puntual, y busco obtener una visión del mundo laboral desde dentro.

No dude en llamarme si requiere mayor información. Estoy disponible para una entrevista los miércoles y viernes por la tarde. Mientras tanto, quedo a la espera de su respuesta.

Saludos cordiales,

Jane Parkinson

La candidatura espontánea

Si no buscamos un empleo preciso, trataremos de obtener de la empresa la denominación exacta del puesto que nos interesa. Si ya tenemos un contacto con la empresa en cuestión, podemos mencionarlo en nuestra carta y adjuntar nuestro currículum.

18 Sheriff's Brae
Glasgow
GL8 2MS
Mr D Thomson
Personnel Manager
Fraser's Department Store
20-24 Prince's Gardens
Glasgow
GL1 3RD
2 July 2003

Subject: Management traineeship

Dear Mr Thomson,

Thank you very much for taking the time last Wednesday to speak to me about the possibility of a training position with your company.

Your advice has strongly encouraged me to pursue a career in this field, and your company's core activities closely match my own interests.

I would therefore like to apply for a Trainee Manager placement.

Please find attached a CV which highlights my professional experience and qualities which I feel make me suited to this position.

I have a strong interest in and knowledge of staff management, and have gained extensive experience in handling heavy workloads and meeting deadlines.

I pride myself on being well-organised and a self-starter, and have excellent communication skills.

I am extremely motivated to develop my career with Frasers' department stores, and so would very much appreciate the opportunity to discuss further my suitability for a traineeship.

77

Please feel free to contact me, either by email: fobrien@quickserve.com, or by leaving a message on 01625 456123. I look forward to speaking to you soon.

Yours sincerely,

Ms Fiona O'Brien

---

2 de julio de 2003

Asunto: Entrenamiento en Gerencia

Estimado Sr. Thomson:

Muchas gracias por haberse tomado tiempo el pasado miércoles para conversar sobre la posibilidad de un puesto de práctica en su compañía.

Su anuncio me alentó a iniciar una trayectoria laboral en este campo, y las actividades fundamentales de su empresa coinciden con mis intereses.

Por ello, me interesa presentar mi candidatura al puesto de Gerente en entrenamiento.

Adjunto a la presente encontrará mi currículum, con la información principal sobre mi experiencia profesional y las cualidades que me hacen una candidata adecuada para el puesto.

Tengo un gran interés y conocimiento de la gerencia de personal, y cuento con experiencia para manejar cargas pesadas de trabajo y tiempos límite.

Me enorgullezco de ser una persona organizada y autosuficiente, y tengo excelentes habilidades comunicativas.

Desarrollar mi trayectoria laboral con las tiendas departamentales Fraser's sería una gran satisfacción, de manera que me encantaría tener la oportunidad de hablar más sobre mi perfil.

No dude en contactarme, ya sea por correo electrónico: fobrien@quickserve.com, o dejando un mensaje en el número 01625 456123. Espero poder hablar con usted pronto.

Saludos cordiales,

Sra. Fiona O'Brien

Responder una oferta de trabajo

Si respondemos un anuncio específico, debemos indicar dónde lo vimos así como el puesto que nos interesa: '*I am responding to your advertisement for a graphic designer, which appeared in the 'Guardian' on 22 October, 2003*' ('*En respuesta a su anuncio en el 'Guardian' del 22 de octubre de 2003, me interesa el puesto de diseñador gráfico*'). He aquí un modelo de respuesta a una oferta:

Subject: application for post of desktop publishing manager

Dear Mrs Williams

I am writing in response to your advertisement in the January edition of "Publishing News", and am enclosing my CV for your review.

I have gained valuable experience in book design using various types of publishing software, and have written technical specifications and supervised page design and layout for both dictionary text and illustrated books.

In my current position at Isis Press, I have initiated monitoring systems that enable pre-press controllers to work more easily with authors and other editors.

I am currently attending an evening class on the use of QuarkXPress for the advance user, and am now looking for a post which would give me an opportunity to use my new skills.

I look forward to having the opportunity to discuss the position further with you. I shall be in London for a week at the end of January, and would be available for interview any time between the 24th and the 31st.

Yours sincerely

Katie Mitchell

Asunto: candidatura para el puesto de gerente editorial

Estimada Sra. Williams:

Escribo en respuesta a su anuncio en la edición de enero de 'Publishing News', y adjunto a la presente mi currículum para su evaluación.

Tengo experiencia valiosa en el área del diseño de libros manejando varios tipos de programas, y he trabajado en las especificaciones técnicas, la supervisión del diseño de página y la formación de diccionarios y libros ilustrados.

Actualmente trabajo en Isis Press, donde he iniciado sistemas de control que permiten a los encargados de preprensa trabajar más fácilmente con autores y editores.

Actualmente asisto a un curso vespertino de QuarkXPress avanzado y busco un puesto que me dé la oportunidad de desarrollar mis nuevas habilidades.

Espero tener la oportunidad de conversar sobre el puesto con usted. Estaré en Londres por una semana a finales de enero, y podría asistir a una entrevista en cualquier momento entre el día 24 y el 31.

Le envío un cordial saludo,

Katie Mitchell

3. Modelo de currículum

Job objective: webmaster

Term Address:
138 Trinity Crescent
Langholm
Nottinghamshire N13 6JN
Telephone: 01378 456978
Home Address:
76 Sycamore Drive
Smallfield
Sussex RH9 4CD
Telephone: 01452 587234
Email address: meverett@whincop.com
Date of Birth: 11.6.80
Nationality: British

Education and Qualifications

2002: BSc in Computer Studies
Final year project: development of a program for track-ing accessibility of websites
1996-1998 - A-levels: English, Maths, Computer Studies, French
1994-1996 - GCSEs English, Maths, Geography, History, Sciences, Computer Studies, Art and Design Work

Experience

2001-2002 - Worked part-time as a cybercafé assist-ant
2000 - Participated in the organisation of a conference on the future of office technology
1999 - Completed a period of work experience at Compunet, Nottingham

Other skills

In-depth knowledge of various operating systems:
Windows 2000, Windows NT, Linux, Mac OS

Languages

French: fluent
German: spoken
Spanish: basic knowledge

Other information

Full clean driving licence
References available on request

Trabajo: Programador multimedia

Dirección: 138 Trinity Crescent
Langholm
Nottinghamshire N13 6JN
Teléfono: 01378 456978
Domicilio: 76 Sycamore Drive
Smallfield
Sussex RH9 4CD
Teléfono: 01452 587234
Correo electrónico: meverett@whincop.com
Fecha de nacimiento: 11 de junio de 1980
Nacionalidad: Británica

Escolaridad

2002: BSc en Informática
Proyecto final: desarrollo de un programa para rastrear el acceso
a sitios de internet
1996-1998 – Niveles A: Inglés, Matemáticas, Computación,
Francés
1994-1996 - GCSEs Inglés, Matemáticas, Geografía, Historia,
Ciencias, Computación, Artes gráficas

Experiencia

2001-2002 – Trabajé de medio tiempo como asistente en un
cibercafé
2000 – Participé en la organización de una conferencia sobre la
tecnología del futuro
1999 – Completé un periodo de prácticas profesionales en
Compunet, Nottingham

Otras habilidades

Conocimiento a profundidad de varios sistemas operativos:
Windows 2000, Windows NT, Linux, Mac OS

Idiomas

Francés: fluido
Alemán: expresión oral
Español: conocimientos básicos

Información adicional

Permiso de conducir
Referencias disponibles si se solicitan

Pedir una carta de recomendación

En una carta de solicitud se acostumbra proporcionar los datos de dos personas que puedan comprobar nuestras cualidades y capacidades para el empleo que estamos solicitando. La persona que nos recomienda puede ser un ex profesor o empleador. Por cortesía, primero debemos preguntar a estas personas si aceptan recomendarnos. Si lo hacen, podemos incluir su nombre, profesión y dirección profesional al término de nuestro currículum bajo el título de: *'Referees'* (*'Personas que pueden dar referencias'*). Estas personas no son contactadas sistemáticamente. En dado caso, por lo general esto ocurre al llegar nuestra carta de solicitud, o bien después de la entrevista si nuestro empleador cree que somos el candidato adecuado. He aquí un ejemplo de carta para un ex profesor:

Dear Mr Marchant

When I finished my degree in June last year, you very kindly suggested that I might use your name when applying for a job.

I am about to apply for the position of technical translator with Astral Oil, and would like to give your name as one of two referees.

The company may write to you, and I hope that you will be happy to write a favourable reference for me.

It is an extremely interesting job with good prospects. I would like to take this opportunity to thank you for all the help and guidance you offered me during my final year at Leicester.

Yours sincerely

Philip Linneman

83

Estimado Sr. Marchant:

Cuando terminé mis estudios en junio del año pasado, usted me ofreció amablemente mencionar su nombre al solicitar un puesto de trabajo.

Estoy a punto de solicitar un puesto de traductor técnico en Astral Oil, y me gustaría dar sus datos como referencia.

Es probable que la empresa se ponga en contacto por escrito con usted, y espero que les proporcione algunas referencias favorables sobre mí.

Es un trabajo sumamente interesante y con buenas perspectivas.

Me gustaría aprovechar esta oportunidad para agradecerle toda la ayuda y los consejos que me dio durante mi último año en Leicester.

Saludos cordiales,

Philip Linneman

OBSERVACIÓN

Actualmente, muchas empresas envían formularios de solicitud a sus futuros empleados. Si alguien nos pide llenar uno de estos formularios, no necesitaremos ni carta ni currículum. Sin embargo, una parte del documento está reservada a la descripción de nuestras capacidades para el puesto vacante. Podemos utilizar las expresiones recomendadas arriba para hablar de nuestros logros y nuestras cualidades personales, así como para explicar por qué nos interesa el empleo.

84

Ponga a prueba sus conocimientos

I. Elija el verbo que convenga utilizando el tiempo adecuado:

1. I would like to .... as to whether there are any openings for junior sales administrators in your company.
2. I would like to .... for the position of computer programmer, as advertised on your website.
3. I .... to the development of our accounting software.
4. I .... experience in several major aspects of marketing.
5. I have .... a team of freelancers on several projects.
6. Please do not .... to contact me if you would like to discuss this further.
7. I am .... my CV for your review.

II. Ordene las siguientes oraciones partiendo de la primera:

1. Thank you very much for taking the time last Wednesday to speak to me about the possibility of a training position with your company.
2. Please find attached a CV which highlights my professional experience and qualities which I feel make me suited to this position.
3. I would therefore like to apply for a Trainee Manager placement.

85

4. *Your advice has strongly encouraged me to pursue a career in this field, and your company's core activities closely match my own interests.*

Respuestas:

I. *inquire - apply - contributed - gained - supervised - hesitate - enclosing* **II.** *1 - 4 - 3 - 2*

Documentos profesionales

1. Memorándums

La orden del día

La orden del día permite organizar la reunión y aclarar sus objetivos. En ella se anota la hora de inicio y de término de la reunión, así como el lugar en que se lleva a cabo; se mencionan los temas que se abordarán; y se agregan algunos detalles para cada punto, indicando el tiempo que se le dedicará. En ocasiones resulta útil precisar qué participantes intervendrán en cada tema.

University of Bristol
Department of Information Technology
                    Monthly Meeting, 6 July, 2003
Agenda Start at 10:00am in Board Room
Participants: Richard Turner (RT), Anne Young (AY),
Sandra Nelson (SN), Jon Currie (JC), Mark Asher (MA),
Jane Walters (JW)
Approval of minutes of last meeting: 5 min
Financial Report-status of budget (RT): 20 min
Standards Group Report - development of security policy
(MA): 10 min
Choice of new database software and expenditure
implications (SN): 10 minutes
AOB: 15 min
End: 10.50am

Universidad de Bristol
Departamento de Tecnología de la Información
Junta mensual, 6 de julio de 2003
Inicio a las 10:00 a.m. en el Salón de Juntas
Participan: Richard Turner (RT), Anne Young (AY), Sandra
Nelson (SN), Jon Currie (JC), Mark Asher (MA), Jane Walters
(JW)
Aprobación de la minuta de la última junta: 5 min
Reporte Financiero — estado del presupuesto (RT): 20 min
Reporte del Grupo de Supervisión — desarrollo de políticas de
seguridad (MA): 10 min
Elección de programas para la nueva base de datos y gastos
relativos (SN): 10 min
Otros: 15 min
Término de la junta: 10.50 a.m.

⚠️ **'AOB' es la abreviatura de 'Any other business' ('Otros')
e indica que algunos puntos no mencionados podrán abor-
darse durante la reunión.**

La redacción de una minuta

A continuación encontraremos algunas expresiones que
nos ayudarán a redactar nuestras actas de manera profesional y un ejemplo de minuta:

" *members present:*
asistentes:"

" *members absent:*
ausentes:"

" *The minutes of the last meeting of 5 June 2003
were approved.*
*La minuta de la última junta, del 5 de junio de 2003,
fue aprobada.*"

" The proposal was seconded by RT.
La propuesta fue secundada por RT."

" SN reported that there would be no more money
available for training this term.
SN informó que no habrá más dinero disponible para
capacitación en este periodo."

" MA expressed concerns about staffing levels.
MA expresó su preocupación sobre los niveles de
contratación."

" MA's concerns were noted.
Se tomó en cuenta la preocupación de MA."

" RT explained that training was already taking
place.
RT explicó que la capacitación ya se estaba llevando a
cabo."

" She stated that she hoped the project would be
completed by the end of the year.
Ella afirmó que espera que el proyecto se complete a
finales de este año."

University of Bristol, Department of Information Technology

Minutes for Monthly Meeting, 6 July, 2003

Members present: Richard Turner (RT), Anne Young (AY),
Sandra Nelson (SN), Jon Currie (JC), Mark Asher (MA).

members absent: Jane Walters

The minutes of the last meeting of 17 June, 2003 were approved
by RT and AY. RH reported that there would be £1.3 million
available to department.

He welcomes input on how best to use the funds. Projects already
suggested are:

    1) put together a number of classrooms each with 25 laptops;

    2) multi-media production workstations;

    3) training people in education technology;

    4) video-conferencing rooms and equipment.

MA reported for the Standards Group that they continue work on
the revision of the Computing Security Policy.

SN reported that the initial expenditure for the new database software was £120,000 and that another £200,000 is expected to be
spent on hardware. She stated that she hopes that the entire project can be accomplished for under £500,000. In response to a

question regarding training of existing staff, SN explained that some training was taking place now but that more intensive training would be planned for a time closer to the actual implementation of the new software.

AY initiated a short discussion about the use of existing video classrooms and it was reported that the rooms are consistently booked.

SN expressed some concern about the use of web-only-based courses to provide teacher certification classes.

Her concern was noted by the Council.

Universidad de Bristol, Departamento de Tecnología de la Información

Minuta de la Junta Mensual del 6 de julio de 2003

Asistentes: Richard Turner (RT), Anne Young (AY), Sandra Nelson (SN), Jon Currie (JC), Mark Asher (MA).

Ausentes: Jane Walters.

La minuta de la última junta, del 17 de junio de 2003, fue aprobada por RT y AY. RH informó que habría £1.3 millones disponibles para el departamento.

Agradece sugerencias para el buen uso de los fondos. Los proyectos sugeridos son:

1) montar algunas aulas, cada una con 25 computadoras portátiles;
2) talleres de producción multimedia;
3) entrenamiento de personal en educación tecnológica;
4) aulas de videoconferencia y adquisición de equipo.

MA informó por el Grupo de Supervisión que aún están revisando la Política de Seguridad Informática.

SN informó que el gasto inicial para los programas de la nueva base de datos fue de £120,000 y que otros £200,000 serán utilizados en equipo. Afirmó que espera completar el proyecto con £500,000. En respuesta a una pregunta sobre la actualización del personal, SN explicó que se está impartiendo cierto entrenamiento, pero que se planea intensificar la actualización en un periodo próximo a la implementación de los nuevos programas.

AY inició una breve discusión sobre el uso de las aulas de video y se informó que dichas aulas están ocupadas constantemente.

SN expresó preocupación sobre el uso de cursos en línea para formar grupos de docentes con certificación.

Su preocupación fue tomada en cuenta por el Consejo.

OBSERVACIÓN

En Gran Bretaña y Estados Unidos es obligatorio llegar a tiempo a una junta. Diez minutos de retraso se considerarán como diez minutos de tiempo perdido por nuestra culpa. Esta estricta regla tiene su lado positivo: por lo general las juntas también terminan a la hora prevista y si faltan temas por tratar, serán objeto de una junta ulterior.

2. Los avisos

En general, los avisos se redactan en un estilo menos formal que una carta de negocios. Los avisos hacen circular información sobre novedades como cambios internos o un aumento de precios. También informan a los empleados sobre las reuniones que se tienen previstas. Sea cual fuere el objetivo de nuestro aviso, deberá ser sucinto y estar bien estructurado.

Datos

El orden de aparición de los datos será el siguiente: primero se escribe el nombre del remitente (introducido por *'from'*), después el del destinatario (introducido por *'to'*).

" *FROM: Patrick Beasley*
TO: Jackie White, Katherine Allen
DATE: 4th January 2003
SUBJECT: introduction of flexitime

DE: Patrick Beasley
PARA: Jackie White, Katherine Allen
FECHA: 4 de enero de 2003
ASUNTO: introducción de un sistema de horarios flexible"

Introducción

En el párrafo de introducción, detallaremos el objetivo del aviso. Proporcionaremos el contexto e identificaremos el problema de forma clara y concisa:

" *You asked that I look at staffing levels in the IT department.*
Usted pidió que revisara el número de empleados en el departamento de TI."

" *I have been asked to determine the best method of implementing flexitime.*
Se me ha pedido determinar el mejor método para poner en marcha horarios flexibles."

" *This memo presents a description of the current situation, some proposed alternatives, and my recommendations.*
En este memorándum se presenta una descripción de la situación actual, algunas alternativas y mis recomendaciones."

Contenido de un aviso

La sección central está reservada para los hechos que sostienen nuestras ideas. Comenzaremos con la información más importante, para después presentar los diferentes puntos en forma de listas.

" *I found that many people have concerns which have not been addressed.*
Encontré que muchas personas tienen inquietudes que no han sido atendidas."

" *The new software has been highly successful in cutting production times.*
El nuevo programa ha sido muy exitoso y está reduciendo los tiempos de producción."

" *Staff are, on the whole, in favour of the new flexitime system.*
El personal, en su mayoría, está a favor del nuevo sistema de horarios flexibles."

" *Communications between the marketing and technical departments need to be improved.*
La comunicación entre mercadotecnia y los departamentos técnicos debe mejorarse."

Conclusión

Concluiremos precisando qué tipo de iniciativas esperamos de nuestro lector. Cabe mencionar en qué nos beneficiará esta acción y cómo podemos facilitar su realización:

  " *I will be glad to discuss this recommendation with you at our weekly meeting on Tuesday. Espero comentar esta recomendación con ustedes el martes en nuestra junta semanal.*"

  " *I am keen to hear your opinion on the subject, and would be available to discuss this on Wednesday afternoon next week. Me interesa mucho escuchar su opinión sobre el tema, y estaré disponible para comentarla el siguiente miércoles por la tarde.*"

  " *I would value your input on this. When would be a suitable time to meet? Me serían útiles sus sugerencias sobre esto. ¿Cuándo podríamos reunirnos?*"

⚠ **No es necesario agregar nuestra firma al final de un aviso.**

He aquí un modelo de aviso:

> Denise Jackson
> CC: Nicky Fenton
> Georgina Dean
> 12 July, 2003
>
> Deadline for current stage of 'Revise Maths' project
> You asked me to look into the problem of meeting the deadline for the 'Revise Maths' project. Below are my findings.
> 1) The author has suffered persistent bouts of illness over the last three months. She has completed only the first section;
> 2) Problems with the change-over to the new typesetting system has meant that staff have spent more time in training than was previously expected;
> 3) The national maths curriculum has been unexpectedly updated
> My recommendations are as follows:

1) Contact freelance authors who may be able to help to complete the work;

2) Hold a meeting with Pre-press manager to re-negotiate the schedule;

3) Attain copy of new curriculum, and pass on to newly hired freelance author.

George Thompson's approval of revised budget will be required before any action can be taken.

I would value your opinion on the above, and suggest we meet up as soon as possible to discuss this further.

Denise Jackson
CC: Nicky Fenton
Georgina Dean
12 de julio de 2003

Fecha de entrega para la presente etapa del proyecto 'Revisión de matemáticas'.

Se me pidió supervisar las fechas de entrega para el proyecto 'Revisión de matemáticas'. Éstas son mis observaciones.

1) La autora se ha enfermado reiteradamente en los últimos tres meses. Sólo ha completado la primera sección;

2) Los problemas del cambio del sistema mecanográfico ha requerido un mayor tiempo de capacitación del personal;

3) El programa nacional para la materia de matemáticas ha sido modificado inesperadamente.

Mis recomendaciones son las siguientes:

1) Contratar autores independientes que puedan ayudar a completar el trabajo;

2) Convocar una junta con el gerente de pre-prensa para renegociar los calendarios de trabajo;

3) Obtener una copia del nuevo programa y proporcionársela al recién contratado autor independiente.

Se requerirá la aprobación de George Thompson al nuevo presupuesto antes de iniciar cualquier acción.

Me sería útil su opinión sobre lo anterior, y sugiero que nos reunamos tan pronto sea posible para discutir más al respecto.

3. El informe

Título

El título debe ser breve pero explícito y debe indicar el motivo del informe. También deben aparecer nuestro nombre y la fecha.

> " *An appraisal of virtual learning environments for initial training.*
> *Evaluación de ambientes virtuales de aprendizaje para la capacitación inicial.*"

> " *Flexible work practices: a feasibility study.*
> *Prácticas profesionales flexibles: estudio de factibilidad.*"

Índice

Si el informe es largo, será necesario elaborar un índice. El informe debe organizarse en capítulos o secciones específicas que llevarán un título. Las diferentes partes deben ir numeradas y los números de página irán indicados en el índice.

Introducción

El objetivo de la introducción es justificar nuestro informe. Por tanto, debemos formular con claridad lo que deseamos demostrar.

> " *This report appraises the advantages and disadvantages of flexible working for employees and employer.*
> *Este informe evalúa las ventajas y desventajas del trabajo flexible para los empleados y el patrón.*"

> " *This report examines the implications of introducing virtual learning environments for the initial stages of some postgraduate courses.*
> *Este informe examina las implicaciones de introducir ambientes virtuales de aprendizaje en las fases iniciales de cursos de nivel superior.*"

" A representative population of employees was studied over a six-month period.
Una parte representativa del personal se estudió durante un periodo de seis meses."

Parte principal

La parte principal del informe tiene por objeto exponer todos los hechos en los que se funda nuestro análisis. Debemos presentarlos de manera clara y lógica, comparando los resultados registrados durante nuestra investigación.

" Firstly, staffing problems were examined.
En primer lugar, se examinaron los problemas de contratación."

" Secondly, employees were asked to complete a questionnaire regarding their workday.
En segundo lugar, se le pidió al personal llenar un cuestionario sobre su jornada laboral."

" Finally, the material was collated and the data analysed.
Finalmente, el material se vació y la información se analizó."

" On one hand, supervisors are enthusiastic about the idea of flexitime. On the other hand, they see several problems arising from it.
Por una parte, los supervisores se mostraron entusiastas sobre la idea de los horarios flexibles. Por otra parte, hacen notar varios problemas que se derivan de ello."

" While home-working is seen as desirable by the majority of staff, managers have some reservations about it.
Mientras que el trabajo en casa es bien visto por la mayoría de los empleados, los gerentes tienen ciertas reservas al respecto."

⚠️ **Se supone que un informe debe ser un documento objetivo y, por ende, será redactado de manera impersonal. Una forma pasiva como, por ejemplo, *'employees were asked to complete a questionnaire'* (*'se pidió a los empleados que llenaran un cuestionario'*) es preferible al empleo de la primera persona, que es mejor evitar sistemáticamente.**

Conclusiones y recomendaciones

La conclusión debería basarse en los resultados del análisis efectuado en las secciones centrales del informe e incluir recomendaciones claras con vistas a mejorar la situación estudiada.

" *In the light of this research, it can be concluded that while entailing an initial cost to the company, the proposed scheme will be beneficial to both employer and employees.*

A la luz de esta investigación, se puede concluir que, si bien genera un costo inicial para la empresa, el esquema propuesto beneficiará tanto a los patrones como a los empleados."

" *Recommendations:*
1) Set up team to recruit new distance learning manager
2) Re-assess I.T. budget with a view to purchasing four webcams
3) contact marketing department to arrange for creation of publicity material

Recomendaciones:
1) Formar un equipo para reclutar a un nuevo gerente de aprendizaje a distancia;
2) Revisar el presupuesto de T. I. con el objetivo de adquirir cuatro nuevas cámaras digitales;
3) Ponerse en contacto con el departamento de mercadotecnia para emprender la creación de material publicitario.

Apéndices

Bajo este título reuniremos la información suplementaria que, de otro modo, entorpecería la lectura de nuestro informe. Allí incluiremos los resultados, cartas y cuestionarios a los cuales hacemos referencia en la parte central del informe.

Ponga a prueba sus conocimientos

I. Elija la respuesta correcta:

1. ¿Qué significa el término 'agenda'?

   (a) un memorándum

   (b) una orden del día

   (c) una agenda

2. ¿Cómo se menciona a los participantes en un memorándum?

   (a) por su nombre de pila

   (b) por su apellido

   (c) por sus iniciales

3. ¿Qué significa 'CC' en el encabezado de un e-mail?

   (a) courtesy copy

   (b) clear and concise

   (c) certified copy

II. Complete el texto:

1. The .... of the last meeting of 17 June 2003 were .... by RT and by AY. RH .... that there would be £1.3 million available to department. He welcomes .... on how best to use the funds.

Respuestas:

I. 1b - 2c - 3a

II. minutes - approved - reported - input

Gramática inglesa

Los sustantivos

1. El género

En inglés, los sustantivos no tienen género gramatical y los artículos definidos (*the*) e indefinidos (*a/an*) son invariables. Algunos sustantivos tienen una forma masculina y una femenina (*steward/stewardess*).

2. El plural

En general, la marca del plural es una –*s*.

pen/pens, *house/houses*, *car/cars*.

En algunos casos debe modificarse el sustantivo para formar su plural.

(wo)man/(wo)men, *child/children*, *tooth/teeth*, *mouse/mice*

Algunos sustantivos conservan la misma forma en singular y en plural.

sheep, *deer*, *fish*, *aircraft*, *series*, *species*

3. Numerables y no numerables

Los sustantivos numerables son aquellos que poseen un singular y un plural, y que pueden contarse. Pueden estar precedidos por *a/an*, *the*, *some* o por un número.

Singular: *a book*, *the book*, *one book*

Plural: *some books*, *the books*, *three books*

Los sustantivos no numerables no tienen plural. Se refieren a un conjunto de objetos, a materiales, nociones abstractas o estados. Pueden estar precedidos por *some*: *water*, *furniture*, *money*, *food*, *work*, *happiness*.

Los artículos

1. El artículo indefinido

¿*a* o *an*?

El artículo *a* se utiliza antes de una consonante: *a car*, *a job*, *a year*.

También se utiliza delante de un nombre que comience con una vocal pronunciada [j] o [w], o delante de una 'h' aspirada: *a university*, *a one-way ticket* *a house* *a husband*.

El artículo *an* se utiliza delante de una vocal o una 'h' muda: *an animal*, *an architect*, *an hour*, *an honour*.

2. El artículo definido

Uso

The es el artículo definido que se utiliza para todos los nombres, tanto en singular como en plural. Corresponde a él, la, los, las en español. Se utiliza para indicar que se está hablando de algo o alguien específico o único.

" *I can't find the dictionary.*
No encuentro el diccionario."

Ausencia de artículo

La ausencia de artículo delante de los sustantivos indefinidos y de los definidos en plural destaca la naturaleza 'genérica' del sustantivo.

" *I hate fish.*
Detesto el pescado."

Los adjetivos

Los adjetivos son invariables: *a tall man/a tall woman*, *a friendly dog/friendly dogs*.

Los adjetivos calificativos se colocan siempre delante del sustantivo que califican: *a beautiful house*, *expensive shoes*.

¡Atención!

Los gentilicios se escriben con mayúscula.

French wine, *English humour*.

El comparativo y el superlativo

1. El comparativo de los adjetivos

Existen tres categorías de comparativos:

- – el comparativo de superioridad (más... que);
- – el comparativo de inferioridad (menos... que);
- – el comparativo de igualdad (tan... como).

" *He is taller than you.*
Él es más grande que tú."

" *She is more intelligent than her sister.*
Ella es más inteligente que su hermana."

" *The cassette is less expensive than the CD.*
El casete es menos caro que el CD."

" *The book is as expensive as the CD-Rom.*
El libro es tan caro como el CD-ROM."

El comparativo de superioridad puede construirse de dos formas. En general, se agrega –er a los adjetivos cortos y se antepone *more* a los adjetivos largos.

taller, *shorter*, *quicker*, pero *more intelligent*, *more expensive*, *more beautiful*.

2. El superlativo de los adjetivos

Existen dos categorías de superlativos:

- el superlativo de superioridad (el/la/los/las más...);
- el superlativo de inferioridad (el/la/los/las menos...).

Los superlativos se contruyen agregando –est a los adjetivos cortos y anteponiendo *most* (de superioridad) o *least* (de inferioridad) a los adjetivos largos. En ambos casos, el adjetivo va precedido por *the*.

" *The tallest man.*
El hombre más alto."

" *The most expensive book.*
El libro más caro."

⚠ ¡Atención!

El comparativo y el superlativo de algunos adjetivos son irregulares.

adjetivo	comparativo	superlativo
bad	*worse*	*the worst*
far	*farther/further*	*the farthest/furthest*
good	*better*	*the best*

Los pronombres personales

Forma

		Pronombre sujeto	Pronombre objeto
Singular			
1ra. persona		*I*	*me*
2da. persona		*you*	*you*
3ra. persona	masculino	*he*	*him*
	femenino	*she*	*her*
	indefinido	*one*	*one*
	neutro	*it*	*it*
Plural			
1ra. persona		*we*	*us*
2da. persona		*you*	*you*
3ra. persona		*they*	*them*

El posesivo

1. El caso posesivo

En español, un vínculo de posesión se indica mediante la cosa poseída + de + el poseedor; en inglés, el nombre del posesor va seguido por *–'s* + el nombre de la cosa poseída.

" *Paul's mother.*
La madre de Paul."

" *The boss's office.*
La oficina del jefe."

⚠ ¡Atención!

Cuando los nombres en plural terminan en *–s*, el nombre del poseedor va seguido por el apóstrofe y después el nombre de la cosa poseída.

" *My parents' car.*
El auto de mis padres."

2. Los adjetivos y pronombres posesivos

		Adjetivo posesivo	Pronombre posesivo
Singular			
1ra. persona		my	mine
2da. persona		your	yours
3ra. persona	masculino	his	his
	femenino	her	hers
	indefinido	one's	
	neutro	its	
Plural			
1ra. persona		our	ours
2da. persona		your	yours
3ra. persona		their	theirs

El adjetivo posesivo se coloca antes del sustantivo. El pronombre posesivo se utiliza en lugar de la construcción adjetivo posesivo + sustantivo cuando este último ya ha sido mencionado o no es necesario repetirlo.

" *That's his car and this is mine.*
Ése es su auto y éste es el mío."

Expresar el presente

Existen dos formas de presente:

1. El presente simple
Formación

Se utiliza la base verbal en todas las personas a excepción de la tercera del singular, a la cual se agrega una *–s*.

Forma de base: *work*

singular: *I/you work*; *he/she/it works* y *we/you/they work* en plural.

El verbo *to be* (ser o estar) es irregular:

I am (yo soy/estoy); *you are* (tu eres/estás); *he/she/it is* (él/ella/ello es/está); *we are* (nosotros somos/estamos); *you are* (ustedes son/están); *they are* (ellos/ellas son/están).

Uso

Por lo general, el presente simple corresponde al presente del indicativo en español.

¡Atención!

En inglés, las subordinadas introducidas por *if*, *when* o *after* con valor de futuro utilizan el presente simple.

" *I'll go on holiday when I have enough money.*
Iré de vacaciones cuando tenga suficiente dinero."

2. El presente continuo

Formación

El presente durativo se construye con el auxiliar *to be* en presente + la base verbal terminada en *-ing.*

I am; *you are*; *he/she is*; *we are*; *you are*; *they are* + *studying computing* (Yo estudio/él/ella estudia informática).

Uso

El presente continuo se emplea para hablar de un acontecimiento que sucede durante un periodo limitado que incluye el momento presente:

" *At the moment I am working as a waitress.*
Por ahora trabajo como mesera."

También se utiliza para expresar un acontecimiento que está sucediendo o se está llevando a cabo.

" *She is talking to a customer.*
Ella está hablando con un cliente."

Indica que la acción se produce en el momento presente:

" *It is raining.*
Llueve/Está lloviendo."

Puede tener un valor de futuro cuando se trata de un proyecto que no tardará en realizarse:

" *We're moving house next Friday.*
Nos mudaremos el próximo viernes."

El participio pasivo

Las formas del participio pasivo de los verbos regulares son siempre iguales. Basta con agregar *–ed* a la base verbal: *finished*, *worked*, *talked*, *answered*, *looked*, *seemed*.

Cuidado, existen algunos verbos irregulares.

Expresar el pasado

Existen dos tiempos principales para hablar del pasado en inglés: el pretérito, el 'verdadero' tiempo del pasado, que habla de un acontecimiento terminado, y el perfecto, que describe un pasado 'relativo', es decir un acontecimiento terminado que tiene consecuencias medibles y palpables en el presente.

1. El pretérito simple

Formación

Las formas del pretérito de los verbos regulares son siempre iguales y corresponden a las del participio pasivo.

Uso

El pretérito simple se utiliza cuando el acontecimiento pertenece por completo al pasado y existe una ruptura en relación con el momento presente. Corresponde al pretérito en español.

" *I designed all the software for the traffic flow system in Milan.*
Yo diseñé todos los programas del sistema de circulación en Milán."

El pretérito simple se utiliza con indicaciones de tiempo precisas como la hora, la fecha o expresiones como *on Monday*, *last night*, *two years ago*, *yesterday*, etcétera.

" *I graduated in Modern Languages and Business Studies two years ago.*
Me gradué en Letras modernas y Administración hace dos años."

2. El *present perfect* (antepresente)

Formación

have o *has* (tercera persona del singular) + participio pasivo.

Uso

El present perfect se utiliza cuando existe una relación entre un acontecimiento del pasado y la situación presente:

" *During the course of my work at Zappa Telescopics, I've become familiar with laser technology.*
Desde que trabajo en Zappa Telescopics me he familiarizado con la tecnología láser."

Con los verbos de estado, el present perfect expresa algo que comenzó en el pasado y continúa en el momento presente:

" *He has looked ill for quite a while.*
Hace mucho que se ve enfermo."

Se utiliza cuando el acontecimiento se sitúa en un pasado relativamente vago, sin indicaciones temporales:

" *Have you seen the latest Russell Crowe film?*
¿Ya vio usted la última película de Russell Crowe?"

Con expresiones como *so far, until now, yet, not yet, ever, never, already, recently,* este tiempo indica la idea de 'hasta ahora':

" *I've never visited Japan.*
Nunca he visitado Japón."

" *I haven't been to London yet.*
Aún no he estado en Londres."

También se emplea para expresar desde cuándo ocurre cierta situación, lo cual corresponde en español al presente del indicativo + desde. Desde se traduce como *for* (para expresar la duración) o *since* (para expresar un punto de partida).

" *I have known Michelle for twenty years.*
Conozco a Michelle desde hace veinte años."

" *I have known Michelle since 1982.*
Conozco a Michelle desde 1982."

3. El *past perfect* o *pluperfect* (antepretérito)

Formación

had + participio pasivo.

Uso

El uso de este tiempo corresponde por lo general al del antecopretérito en español: indica que un acontecimiento del pasado es anterior a otro también pasado.

" *He had already worked abroad before he began working at the embassy.*
Ya había trabajado en el extranjero antes de empezar a trabajar en la embajada."

4. *Used to*

Esta expresión se traduce con el copretérito en español.

Se emplea para hablar de algo que ocurrió en el pasado durante algún tiempo y que ya terminó. Expresa la idea de 'antes' o 'en otro tiempo'.

" He used to be responsible for all of the technical operations of the Nausica wreck project.
Era el responsable de todas las operaciones técnicas en el proyecto del naufragio del Nausica."

El futuro

En inglés no existe el futuro como tiempo gramatical, pero hay varias formas de expresar lo que ocurrirá en el porvenir. Las diferentes maneras de expresar el futuro reflejan diferentes grados de probabilidad, o bien indican si se trata de un futuro más o menos próximo.

1. *will* o *shall* + base verbal

Will y *shall* se sustituyen a menudo con su contracción –*'ll*.

Shall sólo se utiliza en la primera persona (singular o plural).

" I'll ask him to call you back.
Le pediré que le llame."

2. *to be going to* + base verbal

" They're going to buy a new car.
Van a comprar un auto nuevo."

To be going to go a menudo se reduce a *to be going*:

" We're going to the Lake District in July.
Vamos (a ir) a la región de los Lagos en julio."

3. *to be to/be about to* + base verbal

" The train is about to leave.
El tren está a punto de partir."

⚠ ¡Atención!

En las subordinadas introducidas por *if*, *when* o *after* con valor de futuro, se utiliza el presente simple en inglés.

" I'll go on holiday when I have enough money.
Iré de vacaciones cuando tenga suficiente dinero."

Los auxiliares

En inglés se utilizan auxiliares para expresar el tiempo, la voz, la negación, la interrogación y el modo.

To be se utiliza para formar la voz pasiva y las formas durativas. Note que la voz pasiva en inglés suele traducirse como voz activa en español.

" *The bread was bought this morning.*
El pan fue comprado esta mañana/Se compró pan esta mañana."

To have se utiliza para construir las formas compuestas de los tiempos:

" *When he had given up work, he felt much happier.*
Cuando dejó de trabajar se sintió mucho más feliz."

To do + base verbal se utiliza para formar las frases negativas, interrogativas o enfáticas.

En presente se emplea *do/does*. Para la forma negativa se emplea *don't/doesn't* (contracciones de *do/does not*).

" *It doesn't get any better.*
Esto no mejora."

" *Do you know everybody?*
¿Conoce usted a todos?"

En pretérito se emplea *did* y *didn't* (contracción de *did not*).

Los auxiliares modales son *can*, *could*, *may*, *might*, *must*, *shall*, *should*, *will* y *would*. Se utilizan para expresar un punto de vista: la posibilidad o la probabilidad (*can*, *could*, *may*, y *might*, poder), lo que conviene hacer (*must, shall* y *should*, deber) o bien la voluntad (*will* y *would*, querer).

" *Could we meet some other time?*
¿Podríamos vernos algún otro día?"

" *May I make a suggestion?*
¿Puedo hacer una sugerencia?"

" *You must stop working now.*
Debe dejar de trabajar en este momento."

" *Shall I close the window?*
¿Quiere que cierre la ventana? (= ¿Debo cerrar la ventana?)"

" I think John should find another flat.
Creo que John debería buscar otro departamento."

Uso

Los modales simplemente se anteponen a la base verbal:

" Can you repeat that please?
¿Podría repetirlo por favor?"

En presente tienen la misma forma en todas las personas:

" You may/she may get the job.
Puede ser que usted/ella obtenga el trabajo."

" She may return home tomorrow.
Puede ser que ella regrese mañana."

Algunos modales no pueden emplearse en pasado o futuro. En dado caso deben sustituirse con un equivalente:

" I don't know if I'll be able to unlock the door.
No sé si podré abrir la puerta."

" He had to take a day off because he didn't feel well.
Tuvo que tomarse un día libre porque no se sentía bien."

To be, to have, to do y los modales pueden contraerse, en especial si se combinan con la negación not que siempre se coloca detrás del auxiliar.

Hacer preguntas

1. Cómo formar las preguntas

Para hacer una pregunta en inglés debe utilizarse un auxiliar.

Si el verbo es un auxiliar, basta con hacer la inversión: auxiliar + sujeto.

" Are you an engineer?
¿Es usted ingeniero?"

" Is he here on business?
¿Está aquí por negocios?"

Si el verbo principal no es un auxiliar, debe utilizarse la construcción: auxiliar + sujeto + verbo:

" Have you worked abroad?
¿Usted ha trabajado en el extranjero?"

" Could I use the bathroom?
¿Podría usar el baño?"

Cuando no hay auxiliar, deben emplearse *do* o *does* en presente, y *did* en pretérito, seguidos por la base verbal.

" *Do you know everybody?*
¿Conoce usted a todos?"

" *Did you have a good trip?*
¿Tuvo usted un buen viaje?"

2. Las palabras interrogativas
Los pronombres interrogativos

Por lo general se colocan al inicio de una frase, pero pueden estar precedidos por una preposición.

" *Who lives at number 11 Downing Street?*
¿Quién vive en Downing Street 11?"

" *Who/Whom do you see more often, Susie or Jane?*
¿A quién ves más seguido, a Susie o a Jane?"

" *Whose car is parked outside my house?*
¿De quién es el auto estacionado delante de mi casa?"

" *Which one do you want?*
¿Cuál quieres?"

Otras palabras interrogativas

" *How are you?*
¿Cómo está usted?"

" *How do you like your coffee, black or white?*
¿Cómo toma el café, solo o con leche?"

" *When do they go on holiday?*
¿Cuándo se van de vacaciones?"

" *Where does she live?*
¿Dónde vive ella?"

" *Why does he go to Scotland?*
¿Por qué él va a Escocia?"

⚠ ¡Atención!

En inglés, para preguntar cómo es alguien o algo, no puede utilizarse *how*, debe emplearse *what ... like*

" *What's the new boss like?*
¿Cómo es el nuevo jefe?"

Cantidades

Para preguntar por una cantidad en inglés se utiliza *how much* + singular y *how many* + plural.

" How much money have you got?
¿Cuánto dinero tiene usted?"

" How many hours did you spend working on this project?
¿Cuántas horas pasó usted trabajando en este proyecto?"

Los verbos con partícula o *phrasal verbs*

Los verbos compuestos en inglés son muy numerosos. Existen los verbos preposicionales, que se forman con la base verbal seguida por una preposición y un complemento, y los verbos con partícula o *phrasal verbs*, es decir, los que se forman con la base verbal seguida por una partícula adverbial (*up*, *down*, *off*, etcétera) que forma parte integral del verbo y cambia su sentido original.

Por ejemplo, compare:

" She always brings flowers.
Ella siempre trae flores."

" She's bringing up three children under five.
Ella está criando tres hijos menores de cinco años."

" He makes candles.
Él hace velas."

" He made the story up.
Él inventó esa historia."

" I gave the children five pounds.
Le di cinco libras a los niños."

" Why did you give up?
¿Por qué se dio usted por vencido?"

Un mismo *phrasal verb* puede tener varios sentidos:

" Turn the TV on.
Enciende la televisión."

" They turned up late.
Ellos llegaron tarde."

La partícula es a menudo un adverbio de lugar que se coloca inmediatamente después de la base verbal:

" Do sit down.
Siéntese usted."

Algunos *phrasal verbs* se construyen con una preposición y un complemento, lo cual otorga al verbo otro sentido. Compare:

To put up curtains (colgar las cortinas), *to put up a guest* (alojar a un invitado), *to put up with a situation* (soportar una situación).

 ¡Atención!

Cuando el complemento de objeto es un nombre, puede colocarse antes o después de la partícula:

" *Turn the radio off/Turn off the radio.*
 Apaga la radio."

Si es un pronombre, debe colocarse antes de la partícula:

" *Turn it off.*
 Apágala."

Cuando hay dos partículas, éstas permanecen pegadas al verbo:

" *She came up with a brilliant idea.*
 Ella tuvo una idea genial."

Cuando el phrasal verb va seguido de otro verbo, éste es un gerundio:

" *I gave up smoking.*
 Dejé de fumar."

Es aconsejable optar por el *phrasal verb* y no por el verbo inglés más cercano a su equivalente en español, como por ejemplo *to give up* en lugar de *to abandon*, *to find out* en lugar de *to discover*.

Lista de los principales *phrasal verbs* que pueden utilizarse en lugar de sus equivalentes cercanos en español: *to go in* (entrar), *to go up* (subir), *to go down* (bajar), *to look at* (mirar), *to set off* (partir), *to break off* (separar).

Verbos irregulares más comunes

1. Primera categoría

El pretérito y el participio pasivo de estos verbos tienen la misma forma. He aquí algunos de los más frecuentes:

bring	brought	keep	kept
buy	bought	build	built
dream	dreamt	find	found
feel	felt	hold	held

have	had	learn	learnt
hear	heard	light	lit
leave	left	make	made
lend	lent	meet	met
lose	lost	read	read
mean	meant	sell	sold
pay	paid	stick	stuck
say	said	understand	understood
send	sent	stand	stood
sit	sat	tell	told
sleep	slept	think	thought
spend	spent	win	won

2. Segunda categoría

En inglés estadounidense, una de las formas del participio pasivo de *to get* es *gotten*.

Entre estos verbos hay algunos que sólo tienen una forma irregular (*to show*, *showed*, *shown*).

El pretérito y el participio pasivo tienen formas diferentes. He aquí una lista no exhaustiva de estos verbos:

Base verbal	Pretérito	Participio pasivo
be	was/were	been
become	became	become
begin	began	begun
choose	chose	chosen
do	did	done
drink	drank	drunk
eat	ate	eaten
fly	flew	flown
forget	forgot	forgotten
give	gave	given
ring	rang	rung
run	ran	run
show	showed	shown
sing	sang	sung
speak	spoke	spoken
swim	swam	swum

Base verbal	Pretérito	Participio pasivo
wear	wore	worn
break	broke	broken
come	came	come
drive	drove	driven
fall	fell	fallen
forbid	forbade	forbbiden
get	got	got
go	went	gone
know	knew	known
ride	rode	ridden
see	saw	seen
steal	stole	stolen
take	took	taken
wake	woke	woken
write	wrote	written

3. Tercera categoría

Estos verbos, de una sola sílaba, terminan en –d o –t y tienen una misma forma para la base verbal, el pretérito y el participio pasivo:

cost, cut, hit, hurt, let, put, set, shut.

La contracción

Las contracciones de *to be* y de los auxiliares se utilizan al hablar y al escribir, en un tono familiar. En las oraciones afirmativas, sólo *to be, to have, will/shall* y *would* poseen contracciones. Todos los auxiliares, salvo *may*, tienen contracciones que incorporan la negación *not*.

Las contracciones se utilizan en oraciones interrogativas negativas:

Can't you find it?

Doesn't he agree?

En las oraciones afirmativas, sólo las formas del presente tienen contracción:

I'm going; you're going; he's/she's going; we're going; they're going.

En el caso de *to have*, las formas del presente y del pasado tienen contracciones: *They've got a flat in Paris, She's gone away, I'd decided to go.*

La contracción de *will* y *shall* es *'ll*: *I'll come tomorrow, it'll be all right.*

La contracción de *would* es *'d*: *He said he'd help me, I'd rather have tea.*

En las oraciones negativas, las contracciones de *to be*, *to have* y *to do* son las siguientes:

to be: *are not/aren't, was not/wasn't, is not/isn't, were not/weren't.*

Cuidado, en la primera persona del singular, la contracción se basa en *am* (*'m*) mientras que *not* permanece entero: *I'm not sure what to do.*

to have: *have not/haven't, has not/hasn't, had not/hadn't.*

to do: *do not/don't, does not/doesn't, did not/didn't.*

En el caso de los auxiliares modales *can, could, might, must, shall, should, will* y *would*, las contracciones son las siguientes:

can/can't

La forme negativa no contraída se escribe en una sola palabra: *cannot.*

could/couldn't, might/mightn't, must/mustn't, shall/shan't, should/shouldn't, will/won't, would/wouldn't.

Índice